卡洛琳为真心想要做好调研工作的读者提供了一个全面而集中的资源库。通过这本书，读者可以全面了解整个有效问卷调查过程的各个阶段。让人眼前一亮的是，卡洛琳的描述简单而清晰，可以有效加强非专业人士做好调研工作的信心。更重要的是，本书还可以帮助读者判断是否有必要做问卷调查（这一步经常被人们忽视）。针对想要进一步探索问卷调查设计的特定人群，本书还提供了更多阅读建议。请好好阅读这本书，向更厉害的人学习。

——劳拉·威尔逊，英国国家统计署数字质量办公室，数据质量中心主管

卡洛琳是UX社区最有影响力的调研专家，关于调研的所有问号，都可以在这本书中找到答案。这本优秀的著作提到了理论与过程，阐述了如何提出好问题以及如何分析和理解调研数据。关于如何执行调研，这本实用的书给出了全部答案。

——帕比尼·加布里埃尔-佩蒂特，用户体验专家，UXmatters.com 编辑

如果打算用或正在用问卷调查来进行调研，就需要好好读一下这本书！卡洛琳通过通俗易懂的对话、精彩的例子、有助于说明重点的故事以及无数个好的建议，为读者呈现了整个调研过程。尤其独特的是，如果需要掌握所有调研要素以及需要优化问题质量和数量来得到有价值的调研结果，就会联想到书中提到的那个可爱的"章鱼"。

——珍妮丝（金妮）·雷迪什博士，《胜于言传》作者

这本书真不错，可以用来做有效的微调研。在数字化时代，调研相关领域的发展越来越快，本书可以帮助大家有效提升调研的质量，与时俱进。

——阿基尔·本杰明，COMUZI策略和研究总监

这本书让我们从事用户体验设计的人望穿秋水。如果之前没有用过调研工具来理解用户的需求，那么请从阅读这本书开始。卡洛琳在字里行间充分体现了她对调研工具的精通，以及调研其实并没有那么难。阅读和使用本书，都是很愉快的。

——达娜·奇斯内尔，美国数字化服务贝尔弗科学与国际事务中心研究员

必须为这本书以及书中的"章鱼"调研流程点赞！对所有希望通过定量研究来深化UCD实践的人来说，这本书相当重要。书中深入而全面地探讨了如何通过深思熟虑来得到好的调研结果，读透这本书，可以帮助您成为更优秀的研究员！

——畑美纱起，NHS Digital服务设计师

这本书很好读，我忍不住想要分享给大家。卡洛琳可以帮助您洞察如何在合适的时机采用什么样的调研实践以及如何优化调研。调研做得好，我们自然就可以做出更好的决策！

——凯瑟琳·萨默斯，巴尔的摩大学教授

问卷调查

更高效的调研设计与执行

[英] 卡洛琳 · 贾瑞特 (Caroline Jarrett) / 著

周 磊 / 译

清華大學出版社

北 京

内 容 简 介

本书来自作者从业十几年的实际经验，描述了如何通过七个步骤来实现更有效的问卷调查，从设计、执行和报告，有针对性地从轻量级开始，然后通过迭代来精准定位样本和收集到合适的数据，从而在此基础上做出更优的决策。

本书适合所有需要进行问卷调查的人参考和阅读，不管是面向专业人士的行业或薪资调研，还是面向消费者的市场调研或用户调研。

Surveys That Work：A Practical Guide for Designing and Running Better Surveys

©2020 Caroline Jarrett

北京市版权局著作权合同登记号　图字号：01-2022-6066

图书在版编目(CIP)数据

问卷调查：更高效的调研设计与执行/（英）卡洛琳·贾瑞特（Caroline Jarrett）著；周磊译. —北京：清华大学出版社，2023.9

书名原文：Surveys That Work:A Practical Guide for Designing and Running Better Surveys

ISBN 978-7-302-62607-7

Ⅰ.①问… Ⅱ.①卡… ②周… Ⅲ.①问卷调查－统计分析.①C915-03

中国版本图书馆CIP数据核字（2023）第022849号

责任编辑：文开琪
封面设计：李　坤
责任校对：周剑云
责任印制：宋　林

出版发行：清华大学出版社
　　　　　网　　　址：http://www.tup.com.cn，http://www.wqbook.com
　　　　　地　　　址：北京清华大学学研大厦A座　　　　　邮　　编：100084
　　　　　社 总 机：010-83470000　　　　　　　　　　邮　　购：010-62786544
　　　　　投稿与读者服务：010-62776969，c-service@tup.tsinghua.edu.cn
　　　　　质量反馈：010-62772015，zhiliang@tup.tsinghua.edu.cn

印 装 者：小森印刷霸州有限公司
经　　销：全国新华书店
开　　本：160mm×230mm　　　**印　张**：22.5　　　**字　数**：435千字
版　　次：2023年9月第1版　　　　　　　　　　　**印　次**：2023年9月第1次印刷
定　　价：99.00 元

产品编号：095613-01

问卷调查是一种常见的用户研究和市场研究方法。利用这种方法，可以迅速收集大量的数据，从而了解用户的真实想法和态度。

但就是这种看似简单的方法，常常存在很多迷障，让人看不清事实的真相。例如，我经常听到一些人问："我需要找什么样的人进行调研？多大的样本量才足够的？我应该使用哪些统计方法？我应该怎么报告调研结果？"

要正确回答这些问题并不容易，即使是经验丰富的研究员。尤其对于商业研究来说，各方干系人更关注的往往是结果而不是过程。因此很多时候，人们不会去深究"为什么"，而只是把问卷调查当作一种获取数据的简便手段——仿佛一拧开水龙头，纯净的数据就会自动地流出来，但真正做过问卷调查的人明白这是不可能的。在调查开始之前，没有纯净水，没有输水管道，甚至连水源地在哪儿都不知道。这就是我在前面说的，问卷调查看似简单却又充满迷障。

这种把调查当作一个动态探索过程的看法，正是本书作者的观点。她的观点如下：

> "调查是一个提出问题的过程，这些问题由被定义人群的样本来回答，以期获得用于做出决策的数字。"

作者认为，调查的目的是回答研究者提出的最关键的问题（MCQ），其最终结果是一个数字，并利用这个数字做出决策。读者可以发现，作者在本书中提到的调查是有严格限制的，她将其称之为"轻触式调查"（light touch survey），即短小精悍的、可以多次迭代进行的调查。

与轻触式调查相对的是巨无霸调查，即包含大量题目的调查。由此引出4种类型的调查，即描述调查、比较调查、建模调查和探索调查。其中，描述调查可得到一个数字，该数字描述了被义人群的一些情况；比较调查是指在不同的时段（过去、现在和将来）获得一个描述被定义人群情况的数字，并进行比较；建模调查是指针对某些主题提出各种问题，以便发现与结果相关的因素；探索调查则是指收集所有能得到的关于被定义人群的任何信息。

请注意，作者在全书中反复鼓励读者进行轻触式调查（更接近4种调查类型中的描述调查），这点在阅读时一定要多加留意到底是哪些操作体现了轻触式调查的思想。当然，如果你现在进行的调查不属于轻触式调查，也可以通过访问书中每个章节提供的扩展阅读链接来了解相关知识。

沿着轻触式调查的思路，作者提出了一个拟人化的形象——调查章鱼——来代表调查过程中会经历的各个阶段。首先是定义调查目标，其次是定义目标人群并从中找到样本人群，接着是定义问题并形成问卷，然后进行实地调查（field work），最后是数据清洗和结果报告。我认为本书最有价值的地方就在于，作者针对每个阶段面临的任务，提出了很多最佳实践。例如，关于如何确定样本量大小，作者提到以下几点思路并展开了讨论：

- 考虑表面效度
- 使用样本量计算器
- 通过"迭代"决定样本大小
- 不要询问每一个人
- "够用的"回答胜过"过多的"回答

除此之外，作者还在本书中安排了很多"专题聚焦"章节。这些章节的内容是调查研究中非常重要的主题（例如"专题聚焦B：净推荐值和相关"以及"专题聚焦D：统计显著性"），但是稍微偏离了调查章鱼的主线，内容更加深入。在对调查章鱼有了全面了解后，建议读者深入阅读这些内容。

最后一个重要概念是"调查误差"。请读者注意，虽然我在译者序最后才提到调查误差，但作者在每个章节都介绍了不同类型的调查误差，例如：缺乏效度、覆盖误差、抽样误差、不应答误差、测量误差、处理误差、调整误差。以上各种误差构成了作者提到的总调查误差。我们在调查中就是要利用作者提到的各种最佳实践来避免或者减小这些误差。

总的来说，本书对于希望快速进行一个描述性调查的人员来说非常有帮助。它使用一个调查章鱼的形象，把艰深、抽象的概念进行了深入细致的讨论，并给出了很多最佳实践和检查清单。本书就像一份旅游导览，对旅途中可能遇到的各个"景点"进行了深入的介绍。我们有理由相信，无论是调查专家，还是行业新手，在读完本书后都会有收获。

最后，我想用本书作者的原话来结束译者序："重要的是，享受这个过程。"

推荐序

我记得十年前，卡洛琳第一次告诉我她要写这本书。我立刻觉得这是个好主意。当时，我自己从未做过任何调查，因为我是定性用户研究（尤其是可用性测试）的忠实粉丝，而不是定量研究（比如调查）。

但是，即使我对定量研究有些偏见（毕竟我写过两本赞美可用性测试的书），我也不希望对它一无所知。我知道定量方法很有价值，也一直认为如果能对诸如"有多少人做了某某事"和"有多少人更喜欢 A 而不是 B"这样的问题进行快速调查并得到有效答案的话，那就太棒了。

所以我很高兴地认为，也许卡洛琳会写一本书，使我的工作变得简单一些：

这里有

不需要成为调查专家

就可以做好一个调查

的方法

卡洛琳·贾瑞特

《有效表单》的作者

但是当她开始描述自己的想法时，我惊讶地发现，她计划写的书（或者至少她想写的书）是这样的：

> 这就是
>
> 为什么
>
> 你不应该做调查
>
> 的原因
>
>
>
>
>
> 卡洛琳·贾瑞特
>
> 《有效表单》的作者

我敢肯定，她一定是在开玩笑。于是我赶紧告诉她，相比我想要的书，一本"告诉人们不要做调查"的书销售潜力小多了。但我很快知道她并不是完全在开玩笑。因为当人们请她帮忙做调查时，她最后往往觉得"不要做调查"才是自己能给出的最好的建议，原因如下：

1. 她看到了太多做错的调查
2. 更重要的是，她看到了太多本就不应该做的调查

幸运的是，她最终写出了我想要的书。但这又让她辛苦工作了十多年。以下是她的工作内容：

- 阅读数量惊人的调查类图书和研究论文（我们没有时间做）
- 全身心投入并理解这些东西（即使我们有时间可能也无法做到）
- 参加许多调查类会议和工作坊，与专家和非专家交谈，了解他们的最佳（或最差）调查实践
- 将这些知识与她自己做调查和帮人做调查的经验相结合

- 将它们归纳为可以理解的建议（她碰巧非常擅长做这件事）
- 将所有信息写成一本书（我自己也写过书，我强烈建议不要写书，因为写书的工作量大得吓人，尤其是如果你做得很好又有很多东西可写时）

我相信你跟我一样，也收到过很多糟糕的调查。就个人而言，最令我困扰的是：当我想回答"其他"或者"没有合适答案"时，他们不让我回答。例如，下面这个关于我每天早上喝咖啡的地点的问题，应该怎么回答呢？

在我最近去[某知名咖啡连锁品牌]期间，店员想方设法要认识我。	非常不同意				非常同意
	1	2	3	4	5

如果我回答1，会显得我的咖啡师很不友好；而如果我回答5，那就是在撒谎。做调查的人强迫我给出错误数据，意味着他们也得不到准确结果。那我为什么要花时间帮他们呢？我总得填它并且选5，因为我的咖啡师都很好，我不希望他们被扣分，但我也不可能乐意这么做！

在本书的前几个章节，你会发现卡洛琳谈到很多关于特殊问题的处理，比如提供一个"其他"选项。但更有价值的是，她让我们对全局问题有了更清楚的了解。比如：提出什么样的问题（以及如何问）、问什么类型的人（以及问多少人）以及如何处理得到的结果。

多年来，我从阅读本书的多个草稿中受益良多，并且非常自如地做着卡洛琳称之为"轻触式调查"的研究方法——即高度聚焦，只问少量问题，利用结果做出重要决策。事实上，一个月前，我刚刚对我运行了二十年的网站做了一次调查。我通过调查了解人们如何使用网站，以便对其重新设计。

所以，如果你曾经想做一个调查，或者你想做得更好，那么你就算是选对书了。

非常感谢卡洛琳为我们做了这么多艰苦的工作。

——史蒂夫·克鲁格

《别让我思考》作者

常见问题解答

我看到过很多糟糕的调查——是不是好的调查永远都完不成？

不幸的是，我们周围充斥着许多糟糕的调查。例如，组织中的某些人认为，持续不断地向顾客发送问卷是获得反馈的绝佳方法。这些问卷的应答率低得吓人，但这些人并不认为低应答率会导致错误并惹恼顾客。并且，由于这些糟糕的问卷是发给所有人的，所以你有很大的概率也会看到很多问卷，其中大部分都很烂。

糟糕的调查会带来糟糕的数据。任何被用错的方法都会带来糟糕的数据。

最好的调查工具是什么？

调查工具是不断变化的，所以我不会做出任何具体的建议。但我在"专题聚焦F：选择调查工具时要问的问题"中提到了一些选择调查工具时要问的关键问题。

在使用李克特量表时，最好采用几点评价？

如果想快速得到一个答案的话，5点就够了。如果想要一个更复杂的答案，就跳到图H.9的流程图，让它帮助你决定应答点的个数。

如果想要我给出理由，请阅读"专题聚焦H：李克特和评定量表"。

你用的是一个带有触手和微笑的调查章鱼，难道你不知道它们全弄错了吗？

你会在定义章节看到调查章鱼，它是一个代表总调查误差的卡通形象。

它并不是真正的章鱼。真正的章鱼嘴是长在腕之间的，并且没有触手①。我最喜欢的是它们的血是蓝色的。

我要发出这份糟糕的调查了，请问我可以把它发给你吗？

当然可以！我很愿意为我的收藏增加更多示例。如果与我分享痛苦能帮到你，就尽管来吧。但我不能对它做任何事情。你会在我的网站Effortmark.co.uk上找到我的详细联系方式。

我有机会说服那些调查问卷做得差的人改行做别的事吗？

有。你可以联系那些调查问卷做得差的人或者组织，请他们买了这本书，好好学习一下。

---

① 译注：生物学上把章鱼的腕称为arm，而触手（tentacle）一般指水螅、水母等低等动物的触手。本书作者为了便于读者理解，用了"触手"这个词来代替"腕"。

本书使用指南

谁适合阅读本书

本书适合那些想要做调查却不知从何入手的读者。对于已经在做调查并且想要做得更好的读者，我希望大家也能发现本书的价值。

本书有以下几种使用方式。

- 从头开始阅读，你将会了解整个调查过程和一些专题。
- 直接跳到第8章，如果时间紧迫，希望快速了解要做哪些事情，可以直接跳到第8章。无论是用一个小时改进调查，还是用一天的的时间做快速调查，或者是用整个一周的时间完成调查，都可以从本书中找到一些建议。
- 阅读前言，了解有效调查的七个步骤，确定哪个步骤与自己有关，然后直接跳到相应的章节。

如果是研究者或者学生，想要了解更多信息并追踪参考文献，也可以在网站上找到这些信息。

本书的配套资源

本书的配套网站是effortmark.co.uk/surveysthatwork 或者 rosenfeldm-edia.com/surveys-that-work。网站上有更多学习资料、内容更新、图表、幻灯片以及其他辅助材料。

如果是教师，正在考虑本书是否适合自己的学生，也可以访问网站，查看特别为大家准备的部分内容。

本书包含的图表和其他插图可在遵守知识共享协议的条件下供大家下载和在演示文稿中使用。可以在 Flickr 网站 www.flickr.com/photos/rosenfeldmedia/sets/ 找到这些内容。

前言

给你1美元的话，你愿意做些什么事呢？令人惊讶的是，1美元——是的，只要1美元——就可以对人们答题的意愿产生很大的影响。

这来自调查方法学家詹姆斯（Jeannine M. James）和波尔斯坦（Richard Bolstein）的一项实验。他们比较了在装有问卷的信封里放入1美元的现金和50美元承诺金（作为寄回问卷的报酬）对问卷应答的影响（James and Bolstein 1992），结果，1美元的现金胜出。

这个结果是否跟你想的一样？如果是，你已经超过我了，因为我对这个结果既惊讶又好奇。多年来，我一直致力于让各种组织的表单更容易填写，其中包括如何让问题更易于理解以及如何说服人们准确地回答问题。

通过阅读调查问题，我发现了大量调查方法学文献。更重要的是，我发现了总调查误差（Total Survey Error）这个概念。

你遇到过"统计显著性"问题吗？从数学角度来说，它与抽样误差有关，后者是可能的调查误差之一。很不幸，还有其他许多类型的误差，而总调查误差将它们集中在了一起。

突然间，我的许多想法联系在一起了。我开始热衷于做调查，同事们也开始请我为他们的调查提供帮助。

最后，雷迪什（Ginny Redish）和罗森菲尔德（Lou Rosenfeld）说服我，让我写一本书，所以就有了大家看到的这本书。

我们开篇要阐述一个定义

尽管我坚信，总调查误差对良好的调查结果至关重要，但也必须承认，我一开始很难理解某些说法，所以在本书开篇，我说明了调查的含义，并向大家介绍了我的调查章鱼：一个拥有开朗微笑和八个触手的生物，代表总调查误差。它对我很有用，希望对你也有帮助。

有7章内容用于说明调查过程

在人们请我帮忙做的各种调查工作中，其中一项是调查设计引导工作坊。在工作坊中，我发现把过程定义出来很有用，所以最终总结出7个步骤。其中前4个步骤包括了从一个调查想法到创建一份问卷的过程。

1. 目标：确定调查目标。
2. 样本：找到回答问题的人。
3. 问题：撰写问题并测试。
4. 问卷：创建问卷并测试。

然后得到一份调查问卷。

5. 实地调查：找人填写问卷。

实地调查最令人兴奋的部分是你会得到答案。之后，有两个章节告诉你如何把这些答案转化成有用的结果。

6. 应答：将数据转化为答案。
7. 报告：将结果呈现给决策者。

在整个过程中，你会看到一些测试。你可以做做这些测试，以确保调查能够得到准确结果。

有一个奖励篇：至少可以做什么

听起来有很多事要做，对吗？我不会向你隐瞒这个事实，即调查需要投入很多时间、精力以及深思熟虑的选择。这是一个坏消息。

好消息是：有一些方法可以让你快速、合理地获得不错的结果。我们将在奖励篇中看到它们。我要感谢史蒂夫·克鲁格，是他鼓励我写出这一篇，并允许我借用他的标志性口号"The Least You Can Do"。

有一些专题聚焦和案例研究

在各章节之间，你会看到一些专题聚焦和案例研究。

专题聚焦是我认为应该特别关注的技术性主题。

为了确保本书的实用性，我大量倾听了人们实际如何使用调查的故事。案例研究展示了一些打动我的、特别有用的故事。我很感谢分享这些故事的人。

目录

第0章

定义：什么是调查，什么是调查章鱼

很多时候，不止一个网站让我对如图0.1所示的弹窗邀请做出应答。

HAVE YOUR SAY

We'd love to know what you think about our website.

Your feedback is really important to us to help us improve your experience in the future.

No thanks ❯ | Take survey (opens in a new window) ❯

图0.1
一个弹窗邀请

由于"开始调查"按钮和其他许多类似东西的影响，人们倾向于认为调查就是一系列需要回答的问题。但是调查也是一个完整的过程，确保你问出好问题，得到好答案。

调查是一个过程

为了让读者对我所说的"调查"有更清晰的认识，我要使用如下定义：

> 问卷是一套给合适的人来回答的问题。
> 调查是一个提出问题的过程，这些问题由被定义人群中的一个样本来回答，以获得用于做出决策的数字。

我们来分析一下调查定义的组成要素。

调查问卷的目的是要求人们回答一些问题

向人们提出问题很简单，难的是让他们回答问题。大家将在第3章中了解"说服人们回答问题"这个主题。

调查问卷要对人群进行定义

当我说"被定义人群"时，我指的是你得精准定义出预期要完成问卷的人。此外，还要考虑回答者的数量以及如何找到这些人。

在一些人看来，理想的调查应该是"询问每个人"。有一种特殊类型的调查会询问每个人，即人口普查。

但是，即使人口普查也不会真的询问每一个人。它们会找到一个定义人群，然后使用特定规则来决定谁会被包括在内。例如，在美国，由人口普查局负责执行十年一次的人口普查。"美国人"的定义包括50个州和哥伦比亚特区。

但是关岛呢？它由美国管理但或许又不完全属于美国。

试着回答以下3个问题。

1. 关岛人在不在被定义人群里？
2. 普查当天出生的婴儿在不在被定义人群里？
3. 访美外国公民在不在被定义人群里？

答案：1：在（如图0.2所示）；2：在；3：不在

（感谢WWW.CENSUS.GOV/HISTORY/WWW/PROGRAMS/GEOGRAPHY/ISLAND_AREAS.HTML）

图0.2
关岛人从1920年开始计入美国人口普查。本海报来自2020年人口普查

我们将在第1章中对"决定问谁"的准确性进行思考。

调查询问的是样本

可靠的调查会询问样本而不是每个人。逐一询问每个人会产生各种各样的问题。此处仅举一例：试想你将问卷发给所有人，但如果中途出现了某些问题，那么后续你就没有人可问了。

大家将在第2章中了解到需要问多少人以及如何找到他们。

调查会得到一个数字

调查是一种定量研究技术。当你选择做调查时，你就选择了以一个数字来结束调查（嗯，或许是几个数字，但绝对至少是一个数字）。

当然，你也可以在问卷中加入一些非数字答案的问题，比如：让某些人用他们自己的话写下自己的观点（定性答案）。但如果你的目标主要是定性研究，那么使用定性方法可能会更好。你将在第1章中了解到不同类型的方法。

调查用于辅助决策

如果就职于国家统计机构（例如人口普查局），可能会利用调查答案创建统计参考数据，这些数据会供各种人用于各种目的，例如：确定教育资金等资源在各州的分配。

我们大多数人都有一个更简单的任务，即关注我们所在的组织根据调查结果做出的决策。

如果不想为了某些目的而获得答案，那又何必费劲呢？

总调查误差致力于全面减少问题

我的目标是帮助你从有效的调查中获取结果，即确保调查准确测量了它们声称可以测量的东西；同时调查还得是可靠的，即如果你再次进行完全相同的调查，你会期望得到相同的结果（假设其他情况没有发生太大变化）。为此，你必须解决各种问题，其中许多问题是相互关联的。

我们来看一个例子："你需要询问多少人？"这个问题很重要，它也是第2章的主题之一。

你会回答每一份邀请，还是选择性地回答？

如果是前者，那么向你致敬！我曾经出于研究目的这么做了一段时间，但大部分时候我是个坚定的"选择"派，并且后者更为常见。当话题很有趣时，会有更多人愿意回答你的问题。所以，你询问的人数也取决于你提问的目的（见第1章），以及问题本身（第3章），结果是你需要不断探索各种问题（issue）之间的联系①。

另一方面，你会发现有很多陷阱需要避免。如果问卷中包含过多无关问题，就会导致更多的人退出，这样你就需要发送更多的邀请才能获得相同数量的答案。一个误差可能会导致另一个误差。总而言之，我们的目标是将所有误差保持在最低限度并相互平衡。

总调查误差综合了很多误差

因为调查中存在很多依赖因素和相关误差，所以调查方法学家对你在调查中做出的所有选择进行检查，力求获得总体上最小的可能误差，用一句话概括如下：

> 总调查误差是所有个别调查误差综合导致的结果。

认识调查章鱼

调查过程位于以下三者之间：

- Why—你为什么想提问
- Who—你想回谁
- What—最终结是什么——"数字"

为了便于在整个调查过程中追踪所有调查选择，我将它们组合成如图0.3所示的调查章鱼。虽然我会单独讨论每个部分，但是调查章鱼也提醒我——它们之间实际上是有联系的。

---

① 译注：这里的issue指的是在调查过程中需要解决的问题，而不是问卷中包含的问题（question）。为避免混淆，后文如出现指需要解决的问题，均加注英文（issue）。

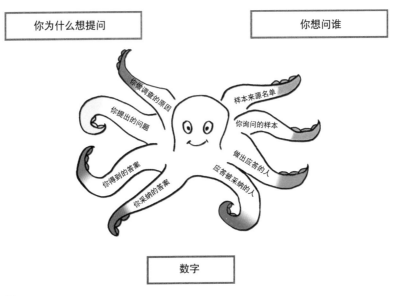

图 0.3
调查章鱼的触手代表你在调查中做出的选择

在问卷准备和测试阶段，我们会重点关注调查章鱼的上半部分（图 0.4）。具体内容见本书前4章。

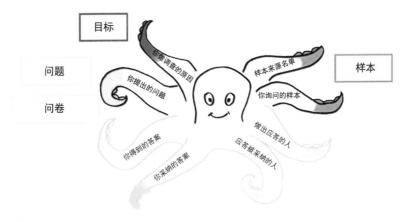

图 0.4
准备内容包括目标、样本、问题和问卷

然后，在实地调查阶段，我们会考虑回答问题的人：从邀约到后续跟进的整个调查执行过程，如图0.5所示。

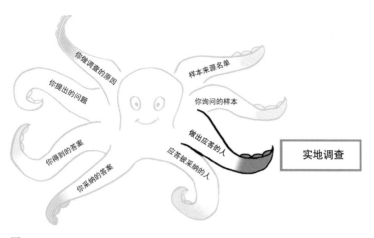

图 0.5

实地调查：把你的问卷发给要回答问题的人

在查看应答数据和报告时，我们将重点处理最后 3 个触手，如图 0.6 所示。

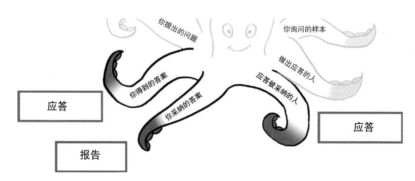

图 0.6

当你已经有一些答案时，就该考虑把答案转化为洞察了

到目前为止，以下三大关键信息与调查章鱼有关：

- 所有问题都是相互关联的
- 一路上都会遇到它们
- 如果对所有问题都做出了正确的选择，那么就会获得可靠的结果

我们的目标是轻触式调查

既然调查包括许多艰苦的工作，我又怎么能声称大家可以快速获得一份较好的调查呢？

让我们暂时回顾一下历史。

上世纪四十年代：巨无霸调查

在上世纪四十年代，当美国人口普查局拍摄人口普查的访谈照片（如图0.7所示）时，实地调查是很困难的。一大群访谈员会带着他们的写字板出发，面对面地向人们提问——当然了，通常是在受访者的家里或者办公室里，而不是他们的玫瑰园。电话调查非常耗时。当调查材料必须送到专门的商店进行打印时，甚至邮件调查也需要事先做很多计划。

图0.7
为人口普查而
暂停园艺工作

（感谢WWW.CENSUS.GOV/HISTORY/WWW/GENEALOGY/DECENNIAL_CENSUS_RECORDS/）

因为实地调查既费时又费力，所以减少调查次数就显得很重要，这也意味着要在每份问卷里尽可能塞进更多的问题。并且，由于调查频次很低，调查机构会寻求使用大样本来支持每种可能的分析。

因此巨无霸调查就成为常态。

但问题是，每个额外的问题都会增加调查的负担，示例如下：

- 受访者付出的努力越多，就意味着回答的人越少，所以你必须要问更多的人。样本越大就越贵
- 获得所有的应答数据后，还有很多工作要做，因为问了很多问题

巨无霸调查很有挑战。但如果必须要做，我们会帮助你完成它。

21世纪：轻触式调查

自上世纪四十年代以来，技术不断发展。借助互联网带来的便利，你现在可以进行很多非常小的调查。可以通过短信提问，而不是长时间打电话。现在连打印都简单多了。

所有这一切意味着现在可以进行短小精悍的调查，但可以做很多次，即轻触式调查。

理想的轻触式调查只有一个有趣的问题，它是你真正想知道答案的问题。你对它进行测试，确保它是收到你问卷的人想要回答的问题。

案例研究

来自Mailchimp的洞察

Mailchimp的宣传口号是"发送更好的电子邮件"。他们帮助人们管理联系人，发送电子邮件，并追踪邮件营销活动的结果。他们有一支出色的用户体验团队。

因为他们把调查作为一种研究方法，所以我就请他们描述一下具体工作。Mailchimp的哈瓦丝（Laurissa Wolfram-Hvass）和戈迪娜（Fernando Godina）回答了我的问题。

问：这个项目是关于什么的？

基于以往的研究，我们知道许多客户将订阅者数据从其他系统导入Mailchimp的应用程序，但是我们不知道客户在此过程中具体遇到了什么问题。

问：是什么让你们决定使用调查，而不是可用性测试？

我们会选择任何适合当前问题的研究方法。我们会查看已有数据，然后决定下一步使用的最佳方法是什么。

这一次，当我们查看以往关于"导入"的研究数据时，看不到任何真正的趋势，所以需要与更多人进行交谈。可用性测试对于理解工作流程的细节以及用户界面问题非常有用，但是还没到那个时候。我们需要首先处理用户在导入过程中遇到的更一般的问题，然后才能深入研究用户界面问题。

我们希望短时间内接触尽可能多的用户，因此选择了进行调查。在一两天内，我们就可以确定目标收件人列表，编写调查问题，从团队那里获得问题反馈，创建调查问卷并将其发送给一个小规模的测试群体，然后做出修改并将其发送给收件人列表。一周之内，我们就会有大量的数据可供信息挖掘。

虽然我们可能会把调查作为一种初始研究方法，但是很少以调查结束。通常，我们无法仅通过调查解决特定问题，或者回答所有研究问题，但是调查确实帮助我们快速建立了基线，并确定了需要进一步探索的领域。

问：你们是遵循特定的方法还是采用自己的方法？

我们开发了自己的调查方法。第一阶段，"目标"可能是我们最重要的阶段。一旦我们有了一系列明确定义的目标，就会让目标驱动研究过程并指导决定，这有助于我们保持从一个阶段到下一个阶段转换时的专注度。我们当然想尽快收集答案并得出结论，但是我们没有强迫自己进入一个不允许实验或自我调整的短暂的时间窗口。

问：你们在调查过程中是否进行了访谈？

事实上，我们在这个项目中一共进行了两轮访谈：一轮是在发送调查前进行的，另一轮是在对应答数据完成计算和编码后进行的。一开始，我们与十几位用户讨论他们怎么把信息导入Mailchimp。访谈帮助我们识别出客户的反馈类型，并为我们的调查问题提供了起点。

第二轮客户访谈是在收集完所有应答数据后进行。访谈帮助我们得到了调查数据，并将其变成了一个故事——一个可以为定量数据提供背景的定性描述。

问：你们是如何找到要调查的客户的？选择了多大的样本量？

我们有一份包含5150个用户的名单。这些用户告诉我们，他们会定期导入订阅者列表。我们希望发送个性化的邀请，因此决定使用每个人的名字。这限制了我们只能找那些在Mailchimp个人资料中保存了名字的人，一共有2626人，大约是原始名单人数的一半。这是一个较小的样本，但我们觉得应答率可能会更好。

案例研究（续）

然后我们随机选择了100个人进行预测试——只是为了测试问卷，并在发送给其他人之前找出问题。100个人的预测试似乎足够大，可以发现调查中存在的问题，但是又足够小——如果我们有什么问题需要解决的话，它不会对数据造成严重影响。

问：我称之为"从名单中缩小范围"。最后一个问题：你们有哪些重要提示可以分享给做调查的人呢？

我们学到了很多。我们从"考虑目标和受众"开始。

- 缩小目标受众。选择符合调查目标的用户时要具体。
- 目标要具体和直接。明确目标，并将这些目标传递给你的用户。
- 重新审视调查目标。做项目时，很容易失焦。我们有4个需要回答的关键问题，并需要多次回到这些问题。如果我们有一个好主意，但它并不能帮助我们回答这4个问题，就会把它放在一边。这有助于我们缩小范围并快速采取行动。

下面这些提示与创建问卷有关。

- 保持简短。我们的调查有7个问题（如果我们能够管理得当，问题会更少）。保持简短的唯一方法是专注于你想了解的特定的客户操作/行为。
- 条件允许的话，使用复选框（多项选择/多项答案）。这是我们下次可能做得不一样的地方。我们之前的大多数问题都是开放式的，因为我们希望用户向我们解释他们的流程，但是逐个答案标记和分析数据是一个大工程。还有一次，我们列出了最常见的答案让受访者从中选择，或者在"其他"选项中填写我们遗漏的答案。

最后这两条提示也许是最重要的。

- 人性化。用真实姓名发送调查，像人一样书写，像人一样应答。
- 快速行动。快速进行后续跟进：立即响应技术问题，并在一周内回访。

专题聚焦A 四种不同类型的调查

在本书中，将调查视为一个过程，它会产生用于决定的数字。

> **调查**是一个提出问题的过程，这些问题由被定义人群中的一个样本来回答，以获得用于做出决定的数字。

也许你会想："我不确定。我们真的只能以这种方式使用调查吗？我肯定看过其他类型的调查。"

当然，你说得很对！我认为调查大致可以分为如图A.1所示的四种类型。

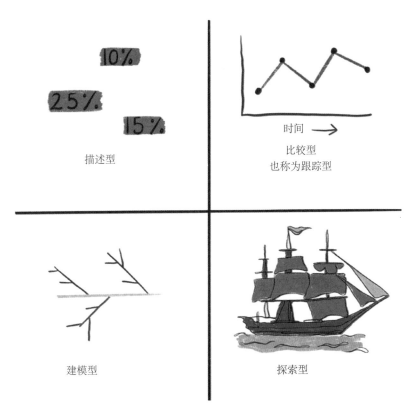

图 A.1
调查的四种类型：描述、比较、建模、探索

描述调查：得到一个数字，告诉你一些事情

在本书中，我主要关注描述调查：

> **描述调查**得到一个数字，该数字描述了被定义人群的一些情况。

这个数字可能类似于"我们的客户中有17%的人有一个10岁以下的孩子和他们一起住在家里"或者"每周至少购买一次酸奶的人中有12%的人去年尝试过香蕉口味"。

比较调查：指出数字是否随着时间变化

如果想在事件发生前后测量一些东西或者想了解描述性的数字是否会因为某些原因随着时间推移发生变化，你该怎么办？如果是这样，你需要的就是比较调查，也叫追踪研究。

> **比较调查**会得到一个数字，该数字描述了被定义人群的一些情况并在将来与使用相同方法得到的数字进行比较，或者与已经得到的数字进行比较。

市场研究人员会做大量的比较调查。例如，他们的客户可能想知道香蕉口味的酸奶广告收到了怎样的营销效果，因此他们会在营销活动前后进行调查。

如果一个品牌想要在更长的时间内评估其市场地位，而不仅仅是一次特定营销活动的效果，那么比较调查就变成了追踪研究。比较调查还有另一个引人入胜的亚种，即纵向调查：

> **纵向调查**是一种在很长时期内定期重复的比较调查。

"很长时期"的定义在很大程度上取决于上下文：对一个快速在变的网站来说，可能是持续一周的每个小时。我听说过的最长的调查是瑞士青少年全国调查（CH-X）。这项调查始于1854年，目前仍在进行中，如图A.2所示。

图 A.2

左图为瑞士青少年全国调查；右图为最近用到调查数据的出版物

我前面提到了"使用相同的方法"。如果要让两个调查真正具有可比性，就要让它们除了发布时间外完全相同。如果在填写调查时感觉"这个问题好像不是很合适"，说明你可能遇到了一个追踪研究，因为研究者必须让调查内容保持完全可比。

显然，在CH-X项目的长期执行过程中，许多问题都发生了变化。因此，对于比较调查和纵向研究而言，核心考虑是"我们能在哪些方面保持不变"以及"我们必须改变什么，以便既保留有用性又让问题更合适？"

这可能很有挑战性，因为即使看似很小的改变，例如交换两个问题的顺序，也会对结果产生影响。

一个令我印象深刻的例子是调查方法学家舒曼（Howard Schuman）和普瑞瑟（Stanley Presser）做的一项实验（因为我很幸运有一个幸福的婚姻）。他们比较了两组研究对象对两个问题的回答。

- "总体来说，你怎么评价现在的状况？你会说自己是非常开心、相当开心还是不太开心？"（一般幸福感）
- "总体来说，你会说自己的婚姻是非常开心、相当开心还是不太

开心？"（婚姻幸福感）（Schuman and Presser，1981）

A组先回答一般幸福感问题，再回答婚姻幸福感问题，结果，52%
的人报告他们的一般幸福感为"非常开心"。

B组先回答婚姻幸福感问题，再回答一般幸福感问题，结果，只有
38%的人报告他们的一般幸福感为"非常开心"。

有趣的是，在婚姻幸福感上，两组的结果更为接近：A组有70%的
人回答"非常开心"，B组有63%。

尽管当时我还没有一个客户想在调查中询问关于婚姻幸福感的问
题，但这个结果使得我对幸福感和满意度变得相当谨慎，它们也是
客户经常想问的问题。我会在专题聚焦C"满意度"专门讨论这个
问题。

你会发现，在实际操作中，我倾向于"既保留有用性又让问题更合
适"，而不是"确保我们可以将本次调查的结果与上次调查的结果进
行比较"。并且，我也鼓励你对调查进行持续迭代。

建模调查：发现影响结果的因素

我们的第3种调查类型是建模调查：

> 建模调查会针对某些与结果相关的主题提出各种问题，目的是
> 发现与结果相关的因素。

例如：一个西班牙学者团队想要调查青少年群体的感恩、霸凌和自
杀风险之间的相互影响。他们让1617名青少年完成了一份覆盖3个
主题的问卷，然后使用统计方法进行建模。例如：更高的感恩水平
是否与被霸凌者的低自杀风险有关。答案是：对女生来说"是"，对
男生来说"不是"（Rey，Quintana-Orts et. al，2019）。

这些建模调查通常都是巨无霸调查，因为你需要围绕多个因素提出
问题，以便为统计程序提供有用的信息。

探索调查：收集所有能获得的信息

最后一种调查类型是许多客户经常让我帮忙做的调查：

> 探索调查收集它能得到的关于被定义人群的任何信息。

客户通常不清楚他们要做什么决定。他们也经常不知道谁是被定义人群，谁不是被定义人群。他们把调查视为一种开始研究工作的方式。

当然，这样做也没有问题。我宁愿组织尽量了解用户是怎么与自己互动的，而不愿意组织完全忽视他们。

但总的来说，本书传达的一个关键信息是，当你不了解用户时，调查并不是第一选择。最好先从访谈开始，或者找到一种方法观察人们做你感兴趣的事情。然后，想清楚需要了解什么信息后，就可以考虑做一个调查了。

有时调查始于一个混合体

我在本专题聚焦的开始曾经提到："调查大致可以分为四种类型。"

在实践中，我知道我的同事和客户都对调查想法充满热情，并希望一开始就向人们询问各种问题，以便完成本专题聚焦中描述的所有事情。

我也了解到，如果他们能仔细考虑从本次调查中可以得到什么，哪些调查可以推后进行的话，结果可能会更好。我们将在接下来的第一章中讨论这个主题。 ■

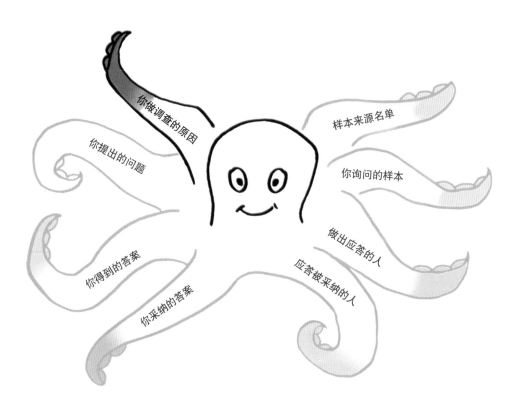

第1章

目标：确定调查目标

在本章中，你将思考为什么要进行调查（图1.1）。

当你知道自己在瞄准哪个目标时，更容易命中目标

图1.1
当你知道自己在瞄准哪个目标时，更容易命中目标

到本章结束时，你将会把一系列可能的问题转化成一个较小的、需要得到答案的问题集。

写出所有问题

我先来讲两类问题：

- 研究问题
- 放入问卷中的问题

研究问题是你想要了解的主题。在这个阶段，它们可能非常精确（"在美国人口普查的年份中，4月1号的常住人口是多少？"），也可能非常模糊（"我们能从买酸奶的人身上发现什么事实？"）

与研究问题不同的是，放进问卷中的问题是你在第3章中要写的东西。

既然如此，就不必担心了。此刻你应该有明确定义的研究问题，但我的经验是——我通常会有大量的问题草稿、主题标题，以及或好或坏的想法。

写下所有的问题。多样性是好事，重复也没关系。

给潜意识留一个机会

如果你独自工作，或者在团队中主要负责调查工作，那么可以试着在写问题的间隙休息一下。一夜的睡眠会让你的潜意识有机会发现你真正想知道的东西。如果这样不可行，也可以试试在新鲜的空气中散步，休息时与朋友聊天，或者做任何能让你暂停下来的事情。

获得大量的问题建议

如果你在团队或者组织中工作，那么通常当有消息说调查即将开始时，同事们会为他们的问题提出各种建议。一开始这可能会让人有些不知所措。但是你最好鼓励每个人尽早提出可能的问题，以便仔细评估所有问题，专注于本次特定调查的目标，并为后续调查和其他研究选出合适的问题。

我发现，如果一开始太严格，那么每个人都会试图在实地调查开始前1天（甚至1小时）将一个额外的重要问题偷偷放进问卷。到那时再来测试这些额外问题就来不及了，它们可能会淹没我的整个调查。

但是当你还在制定调查目标时，可以这样做吗？当然可以！尽可能多地收集问题，鼓励每个人参与进来——同事、干系人、管理者以及你认为可能感兴趣的任何人。如果你正在举办一个工作坊，给内向的人一些空间，让他们能安静地写下自己对于问题的想法。

创建一个又大又好看的电子表格，使其包含所有的建议、便笺或者任何适合你的想法收集工具。

理想情况下，要明确指出截止日期。在截止日期之前提出的建议将被考虑用在本次调查中。错过日期，它们将被推迟到下一次机会。这样做有助于鼓励轻触式调查想法的大量出现。

向问题想法发起挑战

收集或创建完成针对问题的想法之后，可以用以下4个问题（如图1.2所示）向它们发起挑战。

- 你想知道什么？
- 你为什么想知道？
- 你会根据答案做出什么决定？
- 你需要什么数字来做出决定？

你想知道什么？

你为什么想知道？

你会根据答案做出什么决定？

你需要什么数字来做出决定？

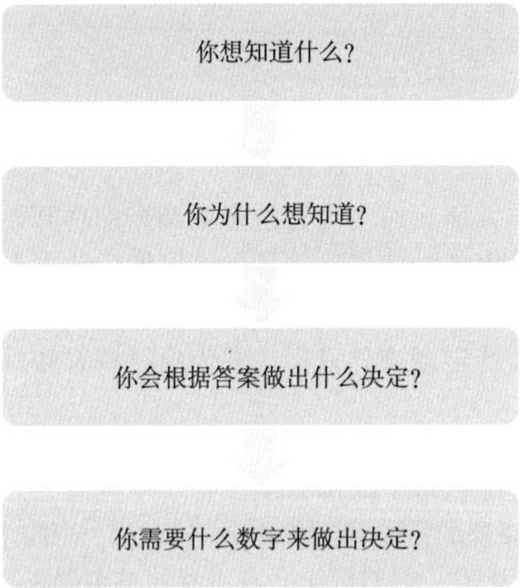

图 1.2
会根据答案做出什么决定

提问：你想知道什么？

令人惊讶的是，我发现自己创建的或者从同事那里收集来的问题建议常常与我们想要知道的内容无关。很多时候，我会这样向问题发起挑战："好吧，所以你在考虑<XXX>问题。你想知道什么呢？"最终证明，问题和提出问题的理由之间是存在差异的。

最常见的例子可能是这样的："你满意吗？"这个问题没毛病，但很笼统。

提问：你为什么想知道

我在做调查时，通常会跟其他人一起工作。为了将"每个可能的建议"缩减到一组合理的调查目标，我会这样提问："为什么你想知道这些问题的答案？"然后，我们继续用图1.2中的三个问题来挑战自己。

如果我独自工作，我发现增加诸如"这次"、"现在"这样的限定词很有帮助——它们让我专注于实际问题，把想法转变为某种可管理的东西。想想看，这对团队来说也是个好主意——可以使所有人意识到不必向每个人一次性问完所有问题。

提问：你会根据答案做出什么决定？

如果不打算做出任何决定，又是为何要做调查呢?

仔细检查每一个建议问题，并考虑这些问题的答案是否有助于你做出决定。在这个阶段，不要担心问题的措辞或者人们是否愿意回答它们。你将在接下来的章节中研究这些主题。

但如果某个问题的答案不能帮助你做出决定，就应该将它放在一边。勇敢一些！这个问题可能很有趣，也可能让你很期待它的答案，但你现在的焦点是尽可能进行小而有用的调查。你不会浪费这个问题，它可以被放入下一次的建议中。

此刻，将会有一些候选问题。基于这些问题的答案，你会知道自己要做出什么决定。

提问：你需要哪些数据来做出决定？

在第1章中，我强调说调查是一种定量方法，结果是一个数字。有时你会意识到，尽管目前有一些候选问题，但是你并不需要它们的数字答案来做出决定。这很好，但这也意味着调查可能不适合你。你所做的工作并不会浪费，因为它们可以为更合适的方法做前期准备。

选择最关键的问题（MCQ）

如果只允许回答一个备选问题，会选择哪一个呢？

这就是最关键的问题（MCQ）。

> **最关键的问题**是能够产生差异的问题，它能为决定提供关键性的数据。

将能够用以下术语描述自己的问题：

> 我们需要问＿＿＿＿＿＿＿＿＿＿＿＿＿＿＿＿
> 以便我们能够决定＿＿＿＿＿＿＿＿＿＿＿。

在这个阶段，不要担心它是一个研究问题（以自己的语言进行描述，甚至可能充满行话）还是一个要放进问卷中的问题（使用回答者熟悉的词汇）。

测试目标：瞄准最关键的问题

试着瞄准最关键的问题，对其中的每一个单词进行斟酌，以便发现自己真正的意图。反复推敲它。

举个例子："你喜欢我们的杂志吗？"在这个问题中——

- "你"是谁？购买者、订阅者、读者、推荐者、贩卖者还是其他人？
- "喜欢"是什么意思？欣赏？推荐？计划购买？实际购买？痴迷于收集每个版本？将订阅杂志作为礼物赠送给其他人？

- 你说的"我们"是什么意思？一个品牌？一个部门？一个团队？是其他人的供应商吗？
- 你说的"杂志"是什么意思？是杂志的所有方面吗？纸质版？在线版？脸书页面？是读者最近读过的文章吗？包括某些部分但不包括其他部分吗？与读者是否读过有关吗？

我发现了一个完美的瞄准问题的例子，它来自调查方法学家佩蒂特（Annie Pettit）。她从下面这个问题开始发问：

> "你上次买牛奶是什么时候？"

以下是安妮如何对"买"和"牛奶"这两个词发起追问：

> "等等，你关心牛奶是不是买的吗？或者可能我们有某种安排，实际上不用支付牛奶费用？也许有人住在有奶牛的农场里，或者拥有一家便利店？
> 你是说只有牛奶吗？山羊、绵羊、水牛、骆驼、驯鹿，它们的奶可以吗？坚果或植物（如大豆、杏仁、大米和椰子）的奶类替代品可以吗？你是否真的想弄清楚我们有没有在燕麦中放入液体？（Pettit，2016）"

（她添加了更多关于该主题的内容，例如巧克力牛奶是否可以。）

确定自己定义的人群

向最关键问题发起真正的进攻后，再回头看看"被定义人群"——那些你希望对他们进行研究的答题者。

将他们加入下列描述中：

> 我们需要询问＿＿＿＿＿＿＿＿＿＿＿＿＿＿＿＿＿＿＿＿＿＿＿＿
> （你想要找的回答者）
> 这个问题＿＿＿＿＿＿＿＿＿＿＿＿＿＿＿＿＿＿＿＿＿＿＿＿＿＿
> （MCQ写在这里），
> 这样我们就可以决定＿＿＿＿＿＿＿＿＿＿＿＿＿＿＿＿＿＿＿＿
> （决定写在这里）。

如果被定义的人群仍然模糊不清——它可能指"每个人"或看上去差不多的人——试着重新对它进行定义。当你进入第2章时，这个准确的回答者定义将会非常有帮助。

但在进入第2章之前，让我们暂停一下，想想自己的计划。

检查是否适合使用调查

问卷调查中的研究问题必须通过询问他人才能探索吗？采用观察的方式会不会更好？

是想知道"为什么"（定性）还是"有多少"（定量）？

让我们再来看看这个定义：

> 调查是一个提出问题的过程，这些问题由被定义人群中的一个样本来回答，以获得用于做出决定的数字。

对比下面这个定义：

> 访谈是一个对话过程，由一位访谈员提出问题，一位受访者回答问题，以获得有助于理解该受访者观点、意见和动机的答案。

上述二者都依赖于提问：访谈是关于"为什么"（定性），而调查是关于"有多少"（定量），如图1.3所示。

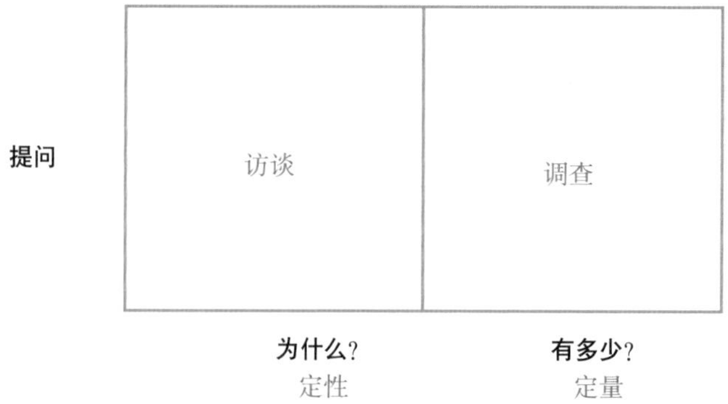

提问	访谈	调查
	为什么？ 定性	有多少？ 定量

图1.3
作为定性研究的访谈和作为定量研究的调查之间的对比

MCQ 必须要由人来回答吗

我最喜欢的问题之一来自一家打印机制造商的调查：

"你一个月打印多少张纸？"

我不知道。我知道答案肯定不止一张，但不到一整箱，因为那个月我没有买过一箱纸。但是我懒得去计算一整箱纸到底有多少页。我胡乱猜了个数字。糟糕的数据。

然而真正具有讽刺意味的是，我的打印机连接到了制造商的客户反馈程序，并且一直在向他们提供确切的数字：他们的数据分析程序本应该告诉他们答案。

这是最近发到我的收件箱的另一个例子：

我们需要询问网站的访问者
弹窗是否让他们感觉不太愿意从我们这里买东西
以便我们可以决定是否删除弹窗。

我敢肯定，客户使用弹出窗口一定有某些好的商业理由，这让他们犹豫要不要删除弹窗。但是询问用户是否"愿意购买"是一件众所周知不可靠的事情。用户可能觉得想买，但实际上并没有买；或者觉得不想买，但还是买了（当我们读到第3章"预测曲线"时，将回到这个主题）。

对于这类问题，有一个更好的定量方法是：A/B 测试。在A/B测试中，你会发布两个版本，并通过数据分析（analytics）[①]来确定哪个版本对预期结果的贡献更大。

A/B 测试和其他许多不同类型的数据行为分析一样，默默地观察人们的行为，而不会用问题来打扰他们。这些方法与图1.4中的调查形成了鲜明的对比。

---

① 译注：数据分析（analytics）特指凡业务数据为核心的定量数据分析方法，典型产品如谷歌分析。

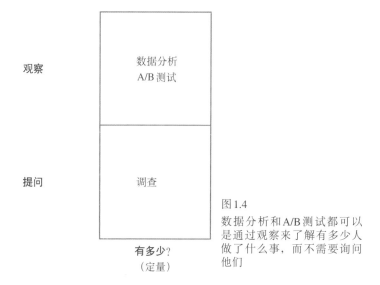

观察

数据分析
A/B 测试

提问

调查

图 1.4
数据分析和 A/B 测试都可以
是通过观察来了解有多少人
做了什么事，而不需要询问
他们

有多少？
（定量）

是否想知道"为什么"

你可能已经注意到，我们正在悄悄使用图 1.5 所示的四向矩阵。我们
还没有看过象限的左上角：通过观察来发现"为什么"。

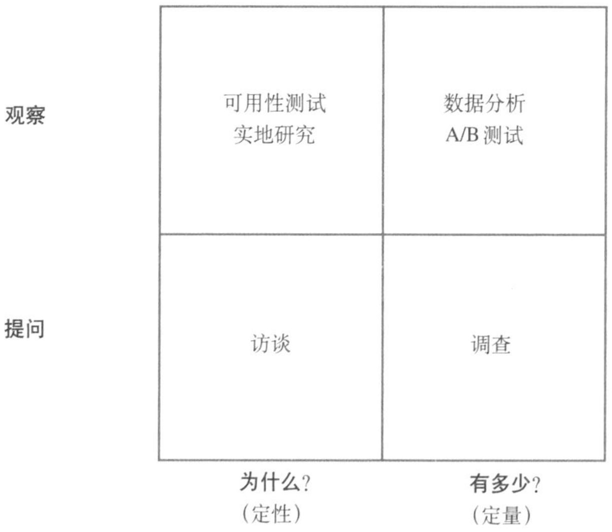

观察

可用性测试
实地研究

数据分析
A/B 测试

提问

访谈

调查

为什么？
（定性）

有多少？
（定量）

图 1.5
一个用来选择合适方法的矩阵

人们做事情的目的并不总是显而易见的。比方如，假如人们告诉你网站上找不到东西，那么搜索日志分析会告诉你用户在找什么，但不会告诉你他们为什么要找。他们试过直接进行搜索吗？他们试过点击操作但是没有成功吗？他们是不是看过你为他们提供的搜索术语，但是因为与自己想的不一样而没有认出来吗？

我经常看到下面这样的MCQ：

我们需要询问网站访问者：
"你不喜欢我们网站的哪些方面？"
以便我们可以决定如何改进。

撇开"你不喜欢什么"这种没有数字答案的问题不谈，更基本的问题是，"你不喜欢什么"和"我们应该改进什么"两者之间没有直接联系。你需要知道为什么人们不喜欢某样东西，才能知道如何改变它。

你可能会转而使用访谈法。但是，期望大多数人记住所有细节（例如：是什么让事情变得容易或困难）是不合理的。对他们来说，在他们使用某个东西时进行观察要容易得多，而且你也能获得更丰富的数据。

在可用性测试中，你可以观察到一个参与者处理某些任务。这种测试经常在实验室中进行。或者你也可以走出去，在自然环境中观察人们，即田野研究。

考虑"为什么"和"有多少"

四向矩阵中的想法看起来好像总是分开的，对吗？当然，在现实中这些技术是相辅相成的。

图1.6是我最近为一位客户工作时所采用的分析路线。

- 数据分析显示，某种产品的销量在下降。
- 可用性测试表明，人们认为该网站不再维护，所以产品肯定也是"过时"的。

- 同期的访谈表明，人们从决定购买产品到实际使用产品往往要"等待"很长一段时间。
- 调查告诉我们，"过时"问题比"等待使用"问题影响的人更多。

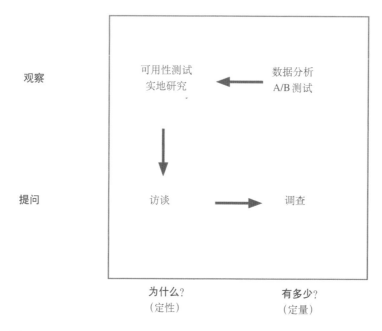

图1.6
矩阵的可能路径之一

我非常鼓励你尝试三角验证。

> **三角验证**是指混合使用多种研究方法并比较结果，从而提升整体洞察的方法。

报告草稿有助于你权衡"为什么"和"有多少"

几年前，当我和用户体验顾问韦伯（Natalie Webb）谈起调查时，她的建议如下：

> "从你希望从调查中获得的结果出发，创建一个报告草稿。"

起初，我觉得这是一个奇怪的想法。但是当我尝试的越多，我就越喜欢它。它可以测试我有没有真的想清楚要问的问题，或者调查的数字结果是否真能帮助我做出决定——像图1.7那样从"那又怎么样"的角度思考调查。

图 1.7
报告草稿帮助你从"那又怎么样"的角度思考调查

我曾经担心提前写报告草稿会在某种程度上限制研究方向——阻止团队自由思考正在做的事情，或者限制他们可能学到的东西。

渐渐地，我意识到这是调查能力的一部分。因为一旦你想要了解事物"有多少"时，就需要在开始前先了解"为什么"。如果你对"为什么"还不够了解，那么就应该从观察和访谈开始。

思考需要什么类型的数字

考虑"那又怎么样"以及决定所需要什么类型的数字的问题也有助于现在考虑另一点：需要在结果中报告什么类型的数字？这似乎为

时尚早，但统计学家会告诉你，必须在收集数据前制定统计策略，而不是之后。

需要知道选择特定答案选项的实际人数吗？例如，当我帮助客户针对办公室的计划搬迁做调查时，我想知道有多少人表示办公室搬迁到新地点后，他们的通勤时间会大大加长。

你想知道选择特定答案选项的人数比例吗？例如，我想比较那些号称如果办公室搬到新地点就离职的人员与表示自己可能会接受改变的人员之间的比例。

在寻找平均值（算术平均值）吗？例如，我可能会考虑将平均通勤时间增加1个多小时是否会招致强烈反对。

在寻找中位数（当你将数字从大到小排列时正好位于中间的值）吗？平均值很容易被一两个异常大的值扭曲。如果一个人的通勤时间突然变成10小时或者更长时间（这几乎不可能），平均值将大大增加，但中位数不会受到太大影响。

在设计工作中，我也经常关注全距和众数。全距是最大值和最小值之间的差值。比如假设一个人的通勤时间为10个小时，另一个人的通勤时间为零（因为他住在新办公地点上方的公寓里），那么全距将是10个小时。众数是出现次数最高的数。我常常在设计工作中面临这样的挑战：既要为回答次数最高的人设计，也要确保不会意外排除不符合常规的人。

还有别的吗？你可能在做一个比较调查，所以你想将本次调查与下一次调查进行比较；或者在做一个建模调查，你将进行各种高级统计操作，或者一些截然不同的东西。

无论打算对调查答案做什么，在此阶段，对统计数据进行深入思考都是值得的。这也可能会让你再次回顾自己最关键的问题以及打算如何使用它。

确定需要多少时间和需要哪些帮助

现在，你有一个最关键的问题。你知道自己会做出什么决定，也已经考虑过做出这个决定所需的数字类型。现在该考虑时间和参与人员的问题了。

首先，考虑可用时间：

- 什么时候需要得到结果？可以投入多少时间？
- 如果足够幸运，能与团队成员一起工作，他们可以腾出多少时间？
- 计划在什么时间提交调查报告？

接下来，考虑一下工具：

- 你或你所在的组织已经有调查工具了吗？
- 知道怎么用它吗？
- 需要购买或者订购一个工具吗？

最后，也许是最重要的问题，还有哪些人参加？

- 团队之外哪些人需要参与调查（如隐私人员或法务人员）？
- 谁会得到调查结果？
- 基于调查结果谁会参与决策？

先访谈，后调查

一个常见的错误是认为自己应该先做调查，然后再对其中一些回答者做后续访谈。

正确的顺序是先访谈，后调查。两种特别有用的访谈类型如下：

- 通过访谈了解被定义人群对调查主题的看法（见第2章）
- 认知访谈——一种针对调查问题的特殊访谈——帮助你发现问题是否有效（第3章）

此外，为了从调查中获得最佳结果，还可以使用图1.8矩阵中的另外两种技术来补充这些访谈：

- 问卷可用性测试（第4章"问卷"）
- 可用性测试和调查之间的预测试（第5章"实地调查"）

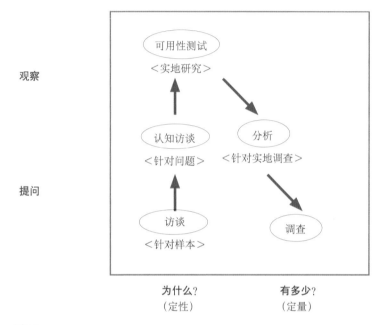

图1.8
在调查之前，我们会使用矩阵中的其他技术

如果想知道如何在可用时间内完成这些任务，请跳至第8章的小结。在最近的一项调查中，我整整花了4天时间才得到一个最关键的问题。调查持续了一个月，但这只是因为我中间有一周的假期。

目标可能会有哪些问题

多年来，我在调查方面我一直是个纯粹主义者。如果问我"选择调查目标时会出什么状况？"我会这样回答："当研究问题不适合使用调查方法时，仍然坚持进行调查。"

最近，我变得成熟了一些。我知道有时候即使调查不是一个理想的方法，我的同事或者客户们也会出于各种好的或坏的理由继续进行调查。如果这事儿发生在你身上，别担心。继续做出正确的选择，目标是轻触式调查，并尽可能多做迭代。无论结果如何，肯定都能学到很多知识，让下次调查做得更好。

悄悄告诉你，对本章的其他一些目标，我也已经变得非常宽容。无法做到只有一个最关键的问题？如果还有几十个最关键问题呢？这不可能。但是有五六个备选问题？还不错——你可以在第3章开始处理它们时再减少它们的数量。不完全清楚自己要做什么决定？先试试看，当你完成更多步骤后，再来重新审视。毕竟，还可以迭代。

但我不会经常向团队或者客户承认这一点，因为我知道，当我们就一个最关键问题达成一致并做出明确的决定后，剩下的调查过程将会变得更加容易和快捷。所以，我非常努力地说服他们提出自己的最关键问题。

要有效，目标和问题必须匹配

这让我想到调查过程的各个步骤中遇到的第一个挑战。在本章中，你一直在查看调查章鱼的第一个触手："你为什么想提问"，如图1.9所示。

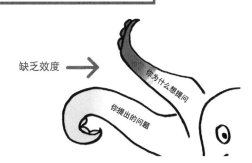

图1.9
缺乏效度

每个触手和下一个触手之间总是存在误差。在本例中，它是"缺乏效度"。

> **缺乏效度**是指提出的问题与做调查的理由以及想要问的内容不相符。

或者换句话说：

> 当提出的问题与做调查的理由以及想要问的问题非常吻合时，调查才是有效的。

因此，要认真思考做调查的理由、将要做出的决策以及最关键的问题。

小结

如果掌握了本章以下内容，将对轻松完成调查过程的后续步骤有很大的帮助：

- 你所拥有的调查资源
- 你想要哪些人来回答自己的问题——你定义的人群
- 你根据结果将要做出的决定
- 有助于做出决定的最关键的问题
- 最关键的问题是否需要有人来回答
- 判断是否适合使用调查

专题聚焦B 净推荐值（NPS）和相关性

在我见过的调查问卷中，最常见的问卷是"告诉我们：我们做得怎么样"之类的跟进问卷，很多组织都会没完没了地发送这种问卷。其中许多问卷都使用净推荐值（NPS）这个众所周知的单一问题。图B.1展示了一个例子。

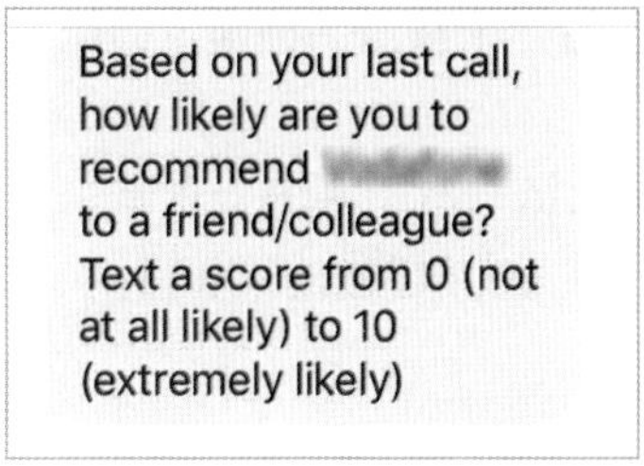

Based on your last call,
how likely are you to
recommend ▨▨▨▨▨▨
to a friend/colleague?
Text a score from 0 (not
at all likely) to 10
(extremely likely)

图B.1
NPS的一个示例：在拨打移动运营商的客服热线后，以短信形式发送

NPS 的目的是量化"忠诚度"

NPS的创始人想要对"忠诚度"进行量化。他们把忠诚度定义为客户是否再次购买或者推荐他人购买。

他们收集了大量有关忠诚度不同方面的问题，例如"你在多大程度上同意X公司值得你的忠诚？"

所有问题都进入巨无霸调查并被发送给数千名客户。与此同时，他们收集了同样这批客户的真实购买数据和推荐数据。有些客户先收到问题，然后追踪他们的忠诚度；另一些人先追踪他们的忠诚度，然后再收到问题。

NPS 利用统计相关性来选择最关键的问题

研究团队使用统计建模工具来"确定哪些调查问题与忠诚度的统计相关性最强"，以便"至少找到一个问题可以有效地预测客户行为，并帮助预测公司增长。"（Reichheld and Markey，2011）

"相关"意味着变化是相互联系的。

如果比较彼此不同的两个事件，你可以计算它们的相关性：

相关性是指两个事件以某种相互联系的方式变化的程度。

相关性的数量通常用希腊字母 ρ 表示，如图 B.2 所示。

- 如果ρ为 +1，则当其中一个变大时，另一个按照某种确定的联系变大。

- 如果ρ为–1，则当其中一个变大时，另一个按照某种确定的联系变小。

- 如果ρ为0，那么你唯一知道的就是无法判断当其中一个发生变化时，另一个会发生什么变化——也称为无相关性。

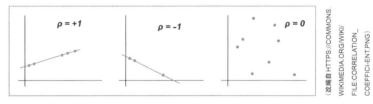

（改编自 HTTPS://COMMONS.
WIKIMEDIA.ORG/WIKI/
FILE:CORRELATION_
COEFFICI-ENT.PNG）

图 B.2
完全相关1，-1；无相关0

在现实世界中，你会发现相关性很少是一个精确值。更典型的情况是，相关性在0和1之间，即如果一个事件发生变化，那么另一个事件就会在相同的方向上变化；或在–1 和0之间，即如果一个事件发生变化，那么另一个事件就会朝相反的方向发生变化。如图 B.3 所示。

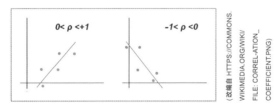

（改编自 HTTPS://COMMONS.
WIKIMEDIA.ORG/WIKI/
FILE: CORREL-ATION_
COEFFICIENT.PNG）

图 B.3
典型的相关性更加混乱

因果产生相关

有时候，因为一件事导致另一件事，我们说它们是"相关的"：

> 因果关系是指一个事件的变化在多大程度上导致了另一个事件发生可预测的变化。

如果看到我丈夫把莴苣、西红柿和黄瓜放在厨房的操作台上，那么我就很肯定他正在为我们的下一餐准备沙拉（因果关系），但是相关关系并不明确，因为蔬菜也可以是他从商店采购回来并准备放入冰箱的，而不是从冰箱里拿出来准备做菜的。

让我们再来看看"忠诚度"。如果客户已经推荐了某人，那么他对"你向朋友/同事推荐的可能性有多大？"这个问题可能会给出一个很高的数字作为答案。这并不准确，因为对未来行为的预测从来都不是准确的——但是客户可能会反思过去的行为并用它来衡量答案。此外，有些人可能属于以下几类：

- 我曾经推荐过，但从那以后我的体验很糟糕，就不想再推荐了
- 我推荐了一位同事，但是现在我换工作了，所以不再继续推荐
- 我只有一位朋友/同事可能会感兴趣，所以我已经没有人可以推荐了
- 我推荐的人是个敌人，跟我的任何朋友/同事都没关系

还有更多类型留给大家思考。

相关不产生因果

反过来就行不通了。一些没有联系的事情可能是强相关的。例如，在图B.4中，从2000年到2009年，"马苏里拉奶酪的人均消费量"与"土木工程博士学位的授予数量"几乎完全相关（ρ = 0.96）。

这些虚假的相关性就是为什么每本统计书都会告诉你"相关性并不意味着因果关系"的原因。

对于"忠诚度",我今天可能会说把你的产品推荐给朋友——但我将来自己真的会买吗?一件事可能会导致另一件事吗?

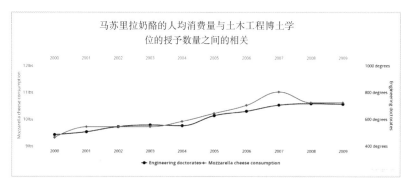

改编自 WWW.TYLERVIGEN.COM/SPURIOUS-CORRELATIONS

图 B.4
虚假的相关性

NPS 利用相关度进行预测

NPS 背后的理论是,每个企业的客户都可以根据他们对"推荐给朋友或同事"这个问题的回答分为三组(表 B.1)。

表 B.1 NPS 分组及行为

分组	预期的未来行为	答案
推荐者	忠实客户,继续购买并推荐他人	9 ~ 10分

分组	预期的未来行为	答案
被动者	满意但缺乏热情的客户，容易受到竞争对手的影响	7~8分
贬损者	不满意的客户，可能会通过负面口碑损害你的品牌	0~6分

NPS 的评分方法不同寻常

NPS 有一种独特的、有点不寻常的计算方法，如图 B.5 所示：

- 忽略被动者
- 计算推荐者的百分比
- 计算贬损者的百分比
- 用推荐者的百分比减去贬损者的百分比，得到净推荐值

虽然被动者的数量在计算百分比时被计入总数，但是他们偏正面的观点却并未体现在最终得分中。

（感谢WWW.NETPROMOTER.COM/KNOW/）

图 B.5
NPS 计算方法

确保专注于品牌是合适的

如果售卖的是消费品，品牌就是一切，那么净推荐值可能就适合你。净推荐值网站提到很多使用过它的知名品牌，包括保时捷、Verizon

和苹果。

警惕品牌不是真正问题的情况。如果是癌症病房，品牌还有那么重要吗？然而，我真的看到过"你会向朋友或家人推荐这个病房吗？"这种问题。往好了说，这种问题令人尴尬；往坏了说，在经历了在丧亲之痛后，这种问题令人深感不安。

如果必须使用NPS，请阅读里希德的书

使用净推荐值你可能无法决定是否。许多干系人认为这是最关键的问题，并会坚持使用它。

净推荐值最初由里希德（Fred Reichheld）[1]提出，作为整体改进方法的一部分。在这个方法中，你间隔足够长的时间进行调查（里希德建议每季度一次），以便有时间了解得分的重大变化，并采取行动解决问题（或者继续做更多的事情进行提升）。

如果你正认真考虑在问卷中（或者别的什么地方）使用NPS，那么你会发现，花时间阅读里希德关于这个主题的书是非常值得的，因为他阐明了NPS应该怎么用。　■

---

[1] 译注：NPS（净推荐值）是贝恩咨询2003年提出的，又称为"口碑"，相关的图书为《终极问题》。

专题聚焦C　满意度

满意度是我们许多人在调查中想询问的一个主题，也是个棘手的问题。例如，尝试进行这个思想实验：

> 想象你刚刚经历了一趟热带世外桃源的美妙旅行（图C.1）。你现在精神焕发，将乘坐之前零故障的航班飞回家。
> 你对这趟旅行的满意度如何？
> 现在想象自己与隔壁座位的人聊天。他们的家人刚刚享受了同样的假期，但是在另外一家旅行社支付了一半的费用。
> 你的满意度还会一样吗？

图C.1
热带海滩

(感谢ROWAN HEUVEL IMAGES.UNSPLASH.COM/PHOTO-1468413253725-0D5181091126)

大多数人在聊天前表示很满意，但是聊天后满意度就低很多。相同的体验，但是评价发生了变化。这是关于"满意度"是多么靠不住的一个例子。

然而，"人们满意吗？"是一个常见的最关键问题。这是一个亟待解决的问题。对于调查研究人员来说，这是一个特别具有挑战性的话题。这就是为什么我们要在这个专题聚焦中讨论这个话题的原因。

满意度源自比较

满意度取决于人们所做的比较。在上述思想实验中，有下面两个关于比较的例子：

- 这次旅行与理想中的旅行的比较（优秀）
- 其他人是否以不同的价格获得了相同的旅行（公平）

另一个让我印象深刻的关于满意度比较的例子是：一项对铜牌和银牌获得者的研究发现，平均而言，获得铜牌的运动员比获得银牌的运动员对结果更满意（Medvec，Mady and Gilovich，1995）。典型的银牌得主似乎会将结果与金牌进行比较，而典型的铜牌得主则乐于获得任何荣誉（图C.2）。两者都是关于"本可能是什么"的比较。

图C.2
铜牌得主

（图片来源：PETERCIPOLLONE WWW.FLICKR.COM/PHOTOS/PETERCIPOLLONE/2796897440）

我从奥利弗（Richard L. Oliver）教授的《满意度：消费者的行为视角》一书中了解到，比较对于满意度有重要的影响。

3种可能的比较分别是"优秀""公平"和"可能发生的事情"。他还提到下面两点：

- 期望：与实际发生的事情相比，我们设想的可能发生的事情（"我以为我将会度过一个梦幻般的假期，但酒店却是一场灾难"）；

- 需求：体验或产品是否满足我们的需求（"我按自己平常的尺码购买T恤，但是你发的那件太大了"）。

最后，还有我想到的"哦"或者"谁在乎？"比较。在这种比较中，组织会询问我对于从来没想过的事情的满意度。示例：一位客户曾经让我对一项关于除臭剂的调查发表评论，因此我不得不面对一个自己从来没有考虑过的主题，回答45分钟的问题，而调查前后我花在这个主题上的时间不会比45秒长多少。艰难的表演，但它帮助我认识到，有时候真没什么可比的——由此产生冷漠的感觉，如表C.1所示。

表C.1 比较体验可以产生不同的结果

关于何种体验的比较	产生的想法或感觉
（无）	冷漠
期待	更好/更差/不相同
需求	满足/未满足/部分满足
卓越（理想的产品）	质量好/质量差（或者"质量足够好"）
别人的待遇	公平/不公平
本可能发生的事情	辩解/遗憾

（改编自Oliver，2010）

当我把那张表的内容放在一起后，立即明白了为什么满意度是一个如此令人难以把握的概念。所以，现在当我帮助一个团队创建关于"满意度"的问卷时，我会提出以下问题：

- 他们在考虑对什么进行比较？
- 对他们计划询问的被定义人群来说，哪些比较是有意义的？
- 他们计划做出哪些决定，哪些比较有助于做出这些决定？

思考需要量化的情绪

有时候，团队嘴上说的是：

"我们想询问满意度。"

而他们的意思却是：

"我们想知道人们是否喜欢我们。"

或者可能还涉及其他一些情绪。人们可能会高兴、激动、生气或者冷漠吗？

如果认为量化情绪反应是当前最关键的问题，那么第一步就是要找出你正在处理的情绪。

一种方式是让受访者输入"一个词或短语来描述你现在的感受"。为各种各样的应答做好准备，包括常常出现的令人惊讶的应答。

你认为应答中会包括"满意"或"不满意"吗？

如果希望得到一些建议，可以参考微软的产品反应卡（Product Reaction Cards，Benedek and Miner，2002）。总共有118张带形容词的卡片，其中前几个如下所示：

- 可及的 (Accessible)
- 高级的 (Advanced)
- 烦人的 (Annoying)
- 有感染力的 (Appealing)
- 平易近人的 (Approachable)
- 吸引人的 (Attractive)

思考需要量化哪些体验

有人遇到过我经历过的这种客户服务吗？

我需要了解某个组织的一些东西，但不知道他们的网站为什么不能满足我的需求。于是，我打电话给客服。客服很有礼貌地解释说，他们组织的政策是不向我提供我需要的那些东西。

我的情绪是，感谢客服，但对组织感到愤怒。

不久之后，我收到了一封邮件邀请，如图C.3所示。

We'd love to hear what you think of our customer service. Please take a moment to answer one simple question by clicking either link below:

How would you rate the support you received?

How would you rate the support you received?

Good, I'm satisfied

Bad, I'm unsatisfied

图C.3
缺乏重点的满意度问卷邀请

我要回答什么？"不好"，因为他们无法帮助我完成我想做的事但可能会给接我电话的人带来麻烦？还是回答"很好"，因为这个人回答了我的问题却忽略了重点是解决我的问题？

如果你的问题要求受访者必须回忆特定的情绪，就请精心设计这个问题，如表C.2所示。

表 C.2 一些需要考虑的目标和方法

如果你的目标是…	请考虑…
了解某项服务的细节…	在真正的最关键问题和可能的紧迫问题上投入更多精力
了解情绪反应，但不确定如何描述它们…	要求使用形容词或者微软产品反应卡
从整体上了解品牌，并考察你的组织是否适合"推荐给朋友"…	使用你在专题聚焦B中看到的NPS方法（基于推荐的情绪反应测量）来提问

若要求用户必须打分，还应提供一个开放式输入框

有些时候，你只能有一个打分问题。根据调查结果，你做出的决定也许取决于评分均值随时间变化的程度，又或许你要适应公司的法令，这些都经常发生。

如果你要求人们必须在量表中对其情绪进行评分（从某个程度到另一个程度），则应确保还为用户提供了一个开放式输入框，以便可以填写评论。许多人会跳过它，但你可以从那些不怕麻烦填写它的人那里学到很多东西。

满意度指的是态度

满意度是一个复杂的混合体，它包含了对"期望""体验""结果"的感受以及思考，是对该混合体的方便的简写。调查方法学家把这些东西统称之为态度。

我希望你能深入了解自己对态度的哪个方面最感兴趣，并利用对它的关注创造出一个最关键的问题。

事实上，我知道你会经常面对那些想要追踪复杂态度总分的干系人，你也无法劝阻他们不做巨无霸调查。满意度只是其中一个例子，另外两个常见的例子如下：

- 员工对在这里工作有什么看法（通常称为人员调查）？
- 与会者是否喜欢这次会议/培训活动（有时被培训师称为快乐表）？

当你创建一系列关于态度的陈述并将答案组合成一个分数时，实际上正在建立一个"李克特量表"。它们很吸引人，值得专门用一个专题聚焦来描述。所以如果这是你最需要解决的问题，请务必跳到第4章的专题聚焦H"李克特和评定量表"查看相关内容。 ■

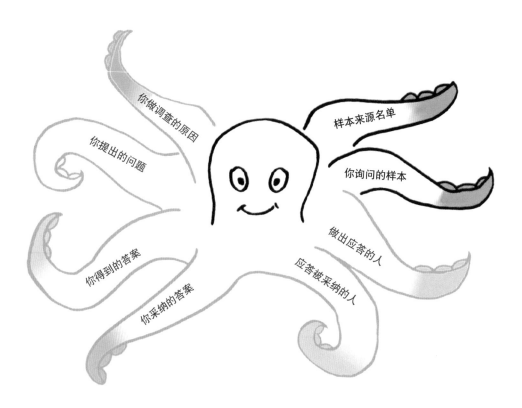

第2章

样本：找到调查问卷的目标群体

在第1章中，我们考虑了"定义人群"，即你想要询问的人。

本章内容主要是将前面的定义转化为"样本"，即实际询问的人。此外还包括一两个问题来帮助评估回答者的代表性。

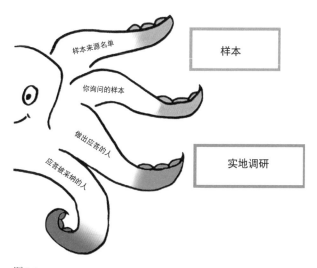

图2.1
调查章鱼的右侧是您要问的人以及他们是否会做出应答

如果往下，看看图2.1中章鱼的右边，你会发现四个触手。我们首先要考虑找到合适的人选来回答问卷，即"做出应答的人"，然后回过头来考虑你真正想要多少回答者，即"你询问的样本。"最后，我们会考虑如何找到这些人，即"样本来源名单"。

有些人可能不会回答你的问题

回答者的数量通常都小于被询问者的数量。例如，如果有10个人在培训结束后被留在会议室，你礼貌地要求他们每个人完成一份问卷后再走，那么你最多可能得到10份答案。有些人可能会以"我要赶飞机"或者"我头晕"等理由提前溜出会议室，因此你可能会丢失一两份问卷数据。但总的来说，应答情况很好，你会得到大约8到10份有效问卷。

应答率是回答者人数与被询问者人数之比。

在前面的培训示例中，应答率在0.8到1之间。如果你像我一样更喜欢用百分比来表示，那么应答率就是80%到100%。

但是如果我们稍后发送问卷（这种情况下人们更容易忽视它），回答者的数量可能会下降到只有1到2个人（应答率为0.1到0.2，或者10%到20%）。

应答率因你发送问卷的方式而异

以下是我对各种类型调查应答率的经验法则（表2.1）。

表2.1　我对典型应答率的经验法则

调查类型	经验法则	应答率
美国人口普查局等国家统计机构的大型调查，通过邮寄方式发送	1000个邀请大约获得850个应答	60%～95%
应用了最佳调查实践的学术调查，通过邮寄方式发送	1000个邀请大约获得300到600个应答	30%～60%
精心设计的网络调查，通过包含网页链接的电子邮件向选定客户群发送	1000个邀请大约获得100个应答	5%～15%
精心放在网站文字主阅读区的邀请	1000人访问该网站得到大约1个应答	0.01%～0.5%
放在网站顶部banner位的邀请	10000人访问该网站得到大约1个应答	0.01%

这些只是一个起点。你的调查应答率可能与它们有很大差异，可能更好也可能更差。确定真实应答率最有效的方法是利用较小的样本做一次预测试。

应答取决于信任、付出和回报

在前言中，我描述了自己几年前读到1美元提高调查应答率时的惊讶。当1美元被放进装有调查问卷的信封时，应答率甚至超过了完成调查的50美元保证奖励。最近，调查方法学家辛格（Eleanor Singer）和叶聪（Cong Ye）对数十项有关调查发布方式和激励类型的实验进行了广泛分析（Singer and Ye，2013），结果证实：

- 金钱激励胜过其他礼品
- 提前激励胜过承诺的事后激励
- 抽奖对应答率几乎没有影响

他们也提醒我们注意其他回报，例如乐于助人的感觉、喜欢做调查或者想看到结果。

在所有有关激励效果的理论中，对我帮助最大的是迪尔曼（Dillman）对社会交换理论在调查领域的应用（Dillman，2000），其示意图如图2.2所示。在这个三角形中，感知到的付出和感知到的回报相互对立，以信任为支点保持平衡。

感知到的付出   **感知到的回报**

信任

图2.2
如果人们相信你且当他们感知到的付出和感知到的回报相当，就会对调查做出应答

让我们想想那些抽奖。大多数人对赢得奖品不抱期望（没有感知到的回报）；有些人不相信你会兑现奖品（没有信任）。无论哪种情况，人们都不会有反应。

我听说过这样一个例子：在一所规模较小的大学里，发给学生们的问卷的应答率确实因为奖品有 iPad 而提升。那次抽奖很有效，因为学生们知道会颁发奖品（良好的信任），并且和他们竞争奖品的人数有限（感知到的回报处于可接受水平）。

信任、付出和回报需要平衡

几年前，有人向我抱怨说："我们的调查应答情况非常糟糕。为什么即使我们为每个完成者提供 1000 美元的奖励，结果还是这样？"

看看信任／付出／回报三角形就明白了：回报如此之大，以至于给人的印象是要么付出会非常繁重（感知到的付出过量了），要么组织提供的回报不可信（破坏了信任）。

信任与人们认为你使用答案的用途有关

人们可能大体上信任你，但对你的信任程度不足以回答你要问的特定问题。

许多问卷会说："你的反馈将帮助我们改进服务。"人们可能足够信任从你那里买东西，但是不相信你真的会根据反馈问卷的答案来采取行动，这里没有感知到的回报。

员工调查是另一个例子。很多人大体上信任自己的雇主，但不确定诚实回答是否还可以信任雇主："它是匿名的，但还不够。"

信任也与尊重隐私有关

"匿名程度不够"是对尊重隐私的担忧。如果回答者打算信任你（尤其是如果这些答案可以追溯到他们），那么他们会希望你妥善处理他们的答案（图 2.3）。

稍后我们将回到专题聚焦 E 中的隐私主题，因为仅仅在人们决定接收邀请时让他们放心是不够的，你必须在实际中妥善处理他们的答案。

图 2.3
不能任意使用答案。必须清楚如何处理调查所收集到的信息

应答取决于感知到的付出

当你邀请某人对你的调查做出应答时，其实是希望他们花时间思考自己给出的答案。这就是付出。

对于纸质问卷，他们可能会快速浏览，估一下工作量。对于电子邮件邀请，你可能正在与他们收件箱中的其他邮件争夺他们的注意力。对于网络调查的弹窗问卷邀请，付出的努力包括确定弹窗是一个真正的问题还是广告或者其他信息入侵。所有这些事情都是在他们回答一个问题之前的付出。

如果问卷要求付出太多，他们就会退出。Kantar Panels（前身为Lightspeed Research）是一家大型市场研究调查对象提供商。他们使用其超过 300 万份市场研究调查数据库分析了人们的退出原因。正如图 2.4 显示的那样，他们发现高达 60％的退出与付出有关：问卷长度、多媒体文件下载、大表（需要对一系列的陈述进行打分评价）以及开放式问题。

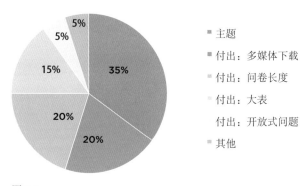

图2.4
市场研究调查中高达60%的退出率与付出的多少有关

- 主题
- 付出：多媒体下载
- 付出：问卷长度
- 付出：大表
- 付出：开放式问题
- 其他

应答取决于感知到的回报

我清楚地记得一份糟糕的政府调查问卷，纯粹凭着对性别薪酬差距的兴趣才使我继续完成问卷。这并非特例。你对自己的事业充满热情吗？如果是，可能就会选择回答与它有关的问题，而可以感知到的回报是你可以趁此机会分享自己的观点。

无论如何都不在意吗？突然之间，"感知到的回报"变成了"感知到的付出"，这会对调查问卷的应答率造成不良的影响。看看因为主观原因而退出 Lightspeed 调查的那35%的人吧。

> 当回答问卷的人与不回答问卷的人对决策的影响不同时，就会发生不应答误差。

有时，"感知到的回报"是一个分享观点的机会。这就给我们带来了应答分布的概念。

> 应答区代表回答者数量与可能的回答者数量之比。

如果所有的观点都是平均分布的，我们就会得到一个类似于图2.5的应答区。

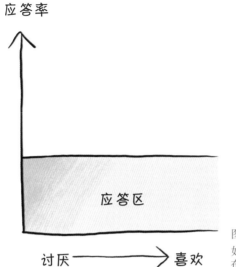

图2.5
如果观点大致平均分
布，则应答区是平坦的

让我们考虑另一种更大的可能性，即具有"讨厌"或"喜欢"等强
烈观点的人更有可能回答你的问题，导致你能从他们那里得到更大
的应答，从而在应答区产生两个波峰，如图2.6所示。

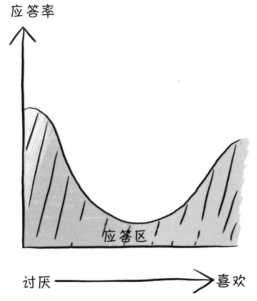

图2.6
情绪强烈的人更有可能做出
应答，从而导致可能出现这
种应答区

这也意味着可能出现匹配问题。你可能面临这样的的危险：具有极端观点的人被过度代表，而大部分处于中间位置，不受极端情绪影响的人（处于图2.7中冷漠区的人）则代表性不足。

与**对你的话题有强烈感觉**的人相比，冷漠区的人对你的话题不太关心，应答程度较低。

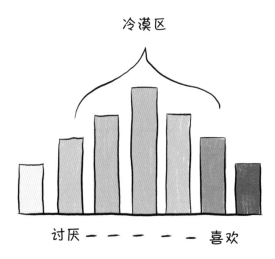

冷漠区

讨厌 — — — — — 喜欢

图2.7
冷漠区：所有不太关心问卷话题的人

如果这些问题适用于你的调查，并且你需要了解极端情况，那么冷漠区就无关紧要。处于应答区的人有强烈的感受，并且更有可能表达出来。但是务必确保你确实查看了应答区，因为你肯定不想将大量的积极观点和大量的消极观点平均化，并最终报告说，平均而言，每个人都是中立的。

如果这些问题适用于你的调查，并且你想根据大体人群特点做出决定，那么冷漠区就非常重要。

我们看到了本章第一个有关误差的示例，如图2.8所示：

当**回答问卷的人**与不回答问卷的人对决定的影响不同时候，就会发生不应答误差

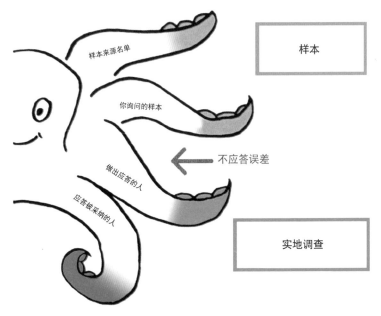

图2.8
不应答误差发生在样本和实地调查之间

不应答误差出现的原因可能是由于感觉强度（如我们刚刚看到的示例），也可能是由于其他原因，例如：

- 不同的人在是否信任你使用他们的答案上存在分歧
- 一些人理解你的问题比其他人更困难（我们将在下一章回到这个话题）
- 一些人认为问题跟他们无关，而其他人认为问题跟他们有关

某些问题（尽管不是所有问题）也可能会导致不应答误差。例如，如果你最近决定每年给员工额外的一天带薪休假并征询员工的意见，他们可能愿意同下你，但他们不太可能愿意告诉你是否面临职场霸凌或骚扰。如果需要做出的决定与员工福利有关，那么就没问题；如果需要评估职场霸凌的程度，那么就很可能会面临相当大的不应答误差。

发现紧急问题，避免冷漠

组织想要询问的事情往往与人们想要告诉组织的事情不匹配。

一个典型的例子是我最近的一次经历：我打电话给某个组织，客服人员虽然很可爱，但并不能解决我的问题。尽管我对这个问题一直感到很恼火，但反馈问卷只允许我表达对客服人员的看法。

避免冷漠的一种方法是找到人们的关注点，看看他们想让你知道哪些信息?

　　紧急问题就是人们想和你谈论的那些话题。

先听后问

要想了解紧急问题，一个简单的方法是找到你感兴趣的人进行访谈。如果愿意，你也可以询问他们是如何看待你所提出的最关键的问题，甚至让他们尝试回答这个问题。我会在脑子里想着"先听后问"这个座右铭进入访谈（如图2.9所示），提醒自己在向受访者询问我最关键的问题之前，先让受访者告诉我他们的紧急问题。

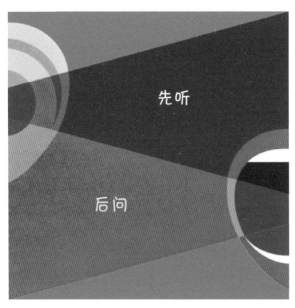

图2.9
这张海报"先听后问"是与沃尔姆（Julia Allum）合作完成的

经过几场访谈后（通常五到八场就足够了），你就会知道下面几点。

- 紧急问题是什么？
- 自己真正想问什么问题？
- 是否需要完善自己最关键的问题？

如果不能访谈，也可以试试下面的做法：

- 研究自己的搜索日志
- 倾听人们在致电客服人员时、给你写信时或在社交媒体上谈论时已经告诉你的内容

决定需要的回答数量

在计算问询人数时，有两个因素需要考虑：

1. 应答率
2. 需要的回答数量

计算方法如下：

- 找出或估计出应答率
- 决定需要的回答数量
- 将回答数量除以应答率，得到样本量

例如：

- 对应答率的估计是25%
- 需要100个回答
- 100除以25% = 400
- 样本量是400

我们已经考虑过应答率，现在让我们深入研究一下需要的回答数量。有以下三种方法：

- 考虑意见
- 使用样本量计算器
- 迭代

考虑意见：表面效度

通常，干系人要求进行调查是因为"我们需要数字"。他们会对需要多少答案有某种感觉或意见。这是表面效度的一个例子。

> **表面效度**是做出一个对干系人来说看起来合理的选择。

表面效度是一种关键的效度类型。它既可以成就你的调查，也可以毁掉调查。表面效度适用于所有调查选择，在考虑回答数量时尤为重要。

有时，当干系人看到利用互联网发送邀请非常简单时，会要求收集数千个回答。针对这种情况，我有时会指出处理用户的回答需要耗费大量成本，以此减少回答数量。

然而，干系人通常会用一个统计论据来表达他们的观点："我们需要10 000个回答，因为我们需要统计显著性。"这时，我们就可以使用下一种方法。

使用样本量计算器

样本量计算器会计算出达到统计显著性所需的答案数量。首先，重要的是不要将统计显著性与实际显著性相混淆。以下是我的定义，改编自统计学家埃利斯（Paul D. Ellis）的著作 *The Essential Guide to Effect Sizes*（Ellis, 2010）：

> 统计上**显著**的结果不太可能是偶然的结果。
> 在实际中**显著**的结果是一个在现实世界中有意义的结果。

统计显著性依赖于假设和数学的结合，而实际显著性意味着你在整个调查过程中做出了正确的选择。

如果必须要确保结果不是偶然现象，就可以使用样本量计算器。网上有很多这样的计算器。选择一个要求使用随机样本的计算器，因为所有计算器都会假定数据是随机样本（不管它们有没有提到这一点）。

计算器会要求输入以下数据：

- 置信度
- 总体大小
- 误差范围

你可能还会遇到其他问题。

如果你对这些话题很熟悉，那就去做吧——你不需要我的帮助。

如果想进一步了解它们的信息，可以参见本章后面的专题聚焦 D "统计显著性"。

通过迭代来决定样本大小

告诉你一个秘密：我曾经与要求统计显著性的干系人进行过多次讨论，但是当我开始谈论"你觉得可以接受多大的误差范围"时，他们都愣住了。

这就是我转向迭代的原因。到目前为止，最简单的方法是使用可以说服干系人接受的最小可能的样本量进行调查。预测试、应答率估计器、决定调查这些词可能有帮助，具体取决于哪些东西对他们有用。

检查收集到的回答，看看这些回答是否足够好，想想是否需要用更大的样本再试一次。

不要询问每一个人

至于要问多少人，相关的所有讨论便将我们带到本章的第二个误差（图 2.10）：

当你选择询问一组样本而不是每个人时，就会发生抽样误差。

但该策略是有代价的，原因如下：

- 每个人都有机会做出应答
- 你不必担心谁被排除在外
- 根据定义，你没有抽样误差

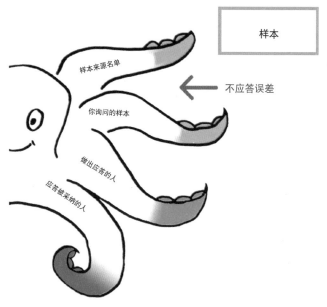

样本

样本来源名单

不应答误差

你询问的样本

做出应答的人

应答被采纳的人

图 2.10
如果是选择其中一组而不是所有人，就会发生采样偏差

"询问所有人"看起来是一种避免抽样误差的简单策略，原因如下：

- 当每个人都知道大家都会被问到时，"每个人"会倾向于让"其他人"来回答（图 2.11）；而如果你让人们知道他们是被问到的少数人，他们会觉得自己很特别，更有可能做出应答
- 当人数很多时，这是个最昂贵的选择
- 你没有机会迭代，因为已经问过每个人了

此外，除非你的调查目的是"考虑每个人的意见"，否则并不需要获得所有意见，只需要足够的意见来做出合理决定即可。

在进行人群定义时，使用的名单越小，挑选最小可能样本时就越需要小心。问得太多太快，将没有机会进行迭代。

向所有人提问

图 2.11
如果询问每个人，就没人会觉得自己很特别

"够用的"回答胜过"过多的"回答

处理过多的回答既耗时又昂贵，并且可能不会增加任何额外信息。
我们最终的目标是获得足够多的合适的人，所以少数合适的人是一
个很好的开始，如图 2.12 所示。

大量不合适的样本 = > 无用

 大量合适的样本 = > 可能有用，但也许会资源利用过度

 合适的样本，数量刚刚好 = > 完美

 少数合适的样本 = > 相当不错的起点

图2.12
少数合适的人是一个很好的开始

改编自 JENNY CHAM 博士的想法

我们注意到，所有与样本量有关的事都取决于找到合适的人——所以现在我们将考虑如何找到他们。

找到你想询问的人

确定完询问人数后，下一步要做的就是从被定义人群中找到合适的人。"任何人都行"这样的想法是行不通的。是时候考虑"样本来源名单"了，如图2.13所示。

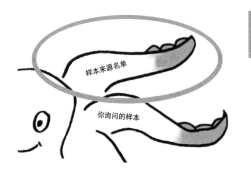

图2.13
样本来源名单

触手的名字来自于缩小范围找人的方法，理想情况下从一个包含全部被定义人群的名单开始。

第二种找人方法是当下获取。一个典型的例子是：培训课程结束后分发反馈表。

如果你曾经收到一份邀请，要求你将其"转发给任何你认识的可能感兴趣的人"，那么你看到的就是第三种方法：滚雪球（也叫滚雪球招募、链式抽样或者"发出并希望"（send and hope）），其想法是在被定义人群中找到一些人，然后让他们推荐人群中的其他人，用户名单就像滚雪球一样不断增长。

如你所料，每种方法各有利弊。

当抽样名单不理想时，会发生覆盖误差

在被定义人群中获得一份完美的人员名单是很少见的。我个人从未遇到过没有覆盖误差的人员名单。如图2.14所示，覆盖误差是一种不匹配。

> 当**抽样名单**包含被定义人群之外的其他人，或者排除了被定义人群中的一些人时，就会发生覆盖误差。

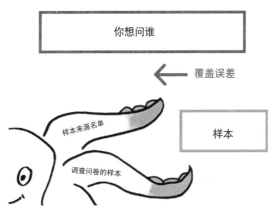

图2.14
当你想问的人和你的抽样名单不匹配时，就会发生覆盖误差

对通常的调查来说，被定义人群相对好理解，也就是"现有顾客"。通常会有一个顾客名单，名单里除了现有顾客，还包括以下几种类型顾客：

- 几年前购买过产品但有一段时间没有购买的顾客
- 内部员工，碰巧也是顾客
- 由系统工作人员创建的测试项，因为各种原因没有删除
- 免费获得产品的人，可能是有影响力的人或者记者
- 已经搬家的的顾客，名单里同时列出旧地址和新地址
- 涉及敏感问题的的顾客，例如因死亡或者身体不适导致永久或暂时无法处理事务的顾客

名单可能会排除下面两种类型的顾客：

- 尚未出现在名单中的新顾客
- 通过大客户批量采购协议进行购买的人

毫无疑问，还有一些顾客类型，因为我忘记提到或者尚未遇到而没有出现在上述情况里。

为了帮助减少覆盖误差，应当做到以下几点：

- 尽可能准确地说明被定义人群中的人员（"我们想找的顾客是为他们的产品付款，并在过去 12 个月内购买过产品的人"）
- 复核你使用的名单（"我们将使用'请勿联系'地址交叉检查这份顾客名单"）
- 提出一些问题，通常称为筛选问题，以检查回答你问卷的人是否真的属于被定义人群

通过"缩小范围"来物色人选

为了缩小范围，你可以准备一份名单，然后从该名单中选择你要询问的对象（样本）。一份完美的名单与被定义人群完全匹配。调查方法学家称之为一个抽样框（sampling frame）①。

---

① 译注：又称抽样范围，指一次直接抽样时总体中所有抽样单位的名单，以确定总体的抽样范围和结构。它有三种形态：具体抽样框、抽象抽样框以及阶段式抽样框。

假设我设法说服你控制成本并保持定义人群的准确度。你决定询问一组样本而不是每个人。

为此，你需要一个**抽样方法**。样本量计算器要求通过简单随机抽样获得一组样本。

> 在简单随机抽样中，名单中的每个人都有一个已知的非零概率被包含在样本中。

有很多方法可以做到这一点。如果我有一个与被定义人群相匹配的名单，我会使用类似下面的随机数生成器。假设我想要100个随机数（下列步骤说明适用于Excel和Google电子表格；其他电子表格可能也有类似功能）：

- 新增一个名为随机的列
- 在该列的每个单元格中填入公式 =RAND()
- 可选步骤：复制该列数据并使用"特殊粘贴-值"将其粘贴回原处，这会让随机数保持不变，该操作不是必须要有的，但我发现它至少比让随机列的数字一直变来变去好
- 按照随机列对表格进行排序
- 前100行即是我的随机样本

但是等一下，你有没有发现刚刚提到"完美名单"和"完全匹配"？与往常一样，我们还要解决和调查章鱼相关的一些问题：考虑可能的覆盖误差。

从专属名单中缩小范围

从一个与被定义人群较为匹配的名单开始，不断加以完善，我将这种方法称为"通过专属名单缩小范围"。

我成功使用过两个专属名单：

- 大学注册学生名单
- 专业协会成员名单

学生名单维护得很好，几乎每个人都有最新的电子邮件地址。

专业协会名单的质量差一些，许多会员只在每年续费时才联系协会（图2.15）。

图 2.15
许多会员只在每年续费时才联系协会

如果名单不完整，也不要过于沮丧。即使是一个糟糕的名单也能给你一个起点，只是可能会降低应答率，并有更多的工作要做。

从公共名单中缩小范围

如果没有与被定义人群相似的名单怎么办？这种情况在政府调查中时有发生。他们通常依赖两种曾经包含所有人的公共列表：

- 固定电话号码
- 地址

如果在固定电话上接到过一个神秘的"无声呼叫"，则说明可能是来自随机数字拨号器。这些拨号器会通过尝试自动拨打可能的电话号码（号码并不完全随机，使用区号列表辅助进行拨号）直到匹配来自动进行抽样，目的是将接听电话者与呼叫中心的专员或访谈员连线。如果接听时没有访谈员，结果可能就是一个无声呼叫。

如果是在想"固定电话？现在谁还用它们？"那么你就会发现一个明显的问题。如果你的定义人群中包括年轻人或者穷人，那么通过固定电话联系到他们的机会不大。

尽管我们中的许多人已经放弃了固定电话，但仍然必须住在某个地方，因此大多数人仍然拥有地址。要利用这些地址，你必须首先花些时间和金钱来获得它们，然后向这个地址发送邮件或者安排专人亲自登门拜访。

毋庸讳言，通过打电话、发邮件或者将访谈员派往特定地址等方式来发送问卷的代价是高昂的。尽管如此，电话或邮件最终可能更便宜，因为这些方法往往比大多数电子调查有更高的回收率。

如果只需要联系受访者，而其他人已经完成了将所有愿意接受调查邀请的人组成样本库的工作，结果又会怎么样？

一些基于"缩小"方法的样本库主要由从事社会研究的学者创建和维护。荷兰的 LISS 样本库是第一个这样的样本库。美国最著名的样本库是由芝加哥大学全国民意研究中心运营的 AmeriSpeak 样本库。如果你正在进行某些类型的社会研究，也许可以在自己的国家访问该样本库。这是从公开名单中缩小范围的有效捷径。

从购买的样本库中缩小范围

对我们其余的人来说，可以从一些市场研究公司和调查工具供应商提供的样本库中购买样本。可以事先指定一些定义（这取决于不同的供应商），例如："65 岁以上的人"，然后在调查中包含一些问题，以帮助你确定回答问题的样本库成员是否确实属于被定义人群。

相比不加入样本库的人，加入样本库的人往往更愿意回答问题，并且有更多可支配的时间。许多市场研究问卷都属于巨无霸调查类型，因此样本库成员对长串问题的容忍度可能比普通人要高。这可能跟你的调查没什么关系。

通过"当下获取"来找人

有时,可以通过当下发现来被定义人群。

"当下"可以用时间来定义:"在特定日期之间访问我们网站的人。"

或者通过动作来定义:"任何乘坐我们航空公司航班完成一次飞行的人。"(如果经常出差,那可能非常熟悉)

或者按地点定义:"任何来我们咖啡馆的人。"或者"从我们的无家可归人员中心获得过帮助的人。"

或者用以上三个定义:"任何来我们博物馆(地点)看(动作)11月份(时间)展览的人",如图2.16所示。

选择当下来定义目标人群有一个很大的优势:可以立即获得完美的人群覆盖。

当然,调查中没有任何事情是不需要妥协的。这里首先要考虑的是,人们是否愿意从他们当下正在做的事情中转移注意力来完成你的调查问卷?

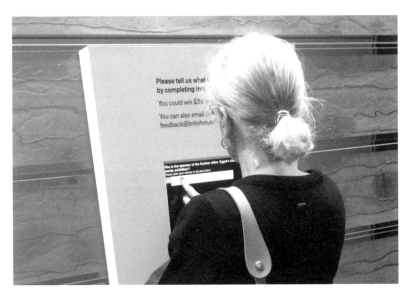

图2.16
一家博物馆在引人注目的展览结束时放置了这个信息反馈亭

答案通常是，不全是。覆盖误差的减少可能导致不应答误差大幅增加，这是众多调查妥协其中之一。

要考虑的第二件事是，是否为了当下发现而改变了对感兴趣群体的定义？如果是这样，是否仍能满足自己的整体调查目标？

通过"滚雪球"的方式来找人（特别是很难找的人）

当你既没有任何可用名单，又没有明显的当下发现方法时，能做什么呢？

当我和克鲁格（Steve Krug）想对用户体验专业人士进行调查时，面临的正是这种情况。我们使用自己的社交媒体网络并请求人们分享问卷链接——一个"滚雪球"的例子，有时也被称为"朋友和家人"。

可以通过以下方式使"滚雪球"更加有条理。

1. 首先，从被定义人群中任意挑选人员。
2. 想想这些应答调查的人以及自己可以从他们身上学到什么。
3. 如果可以根据调查结果做出决定，那么事情就完成了。如果没有则继续。
4. 用你目前掌握的信息调整找人想法。
5. 从第2步开始重复，直到做出决定为止。

当我和史蒂夫寻找调查对象时，我们决定："我们是否得到了足够的应答，以便让我们充分思考会议演示文稿？"我们在首次发起调查时就得到了足够的应答，所以在第3步就停下来了。

"滚雪球"最大的问题是覆盖误差。你很难知道要和谁接触，或者如何将他们与你想要了解的被定义人群进行比较。与最先被挑选的人关系密切的人可能会收到很多邀请，你可能会完全错过这些网络之外的人，如图2.17所示。

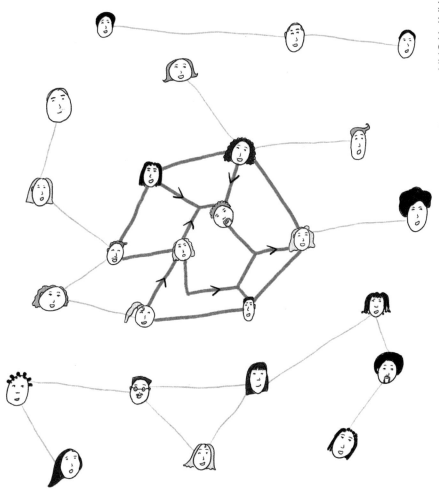

图 2.17
借助于"滚雪球",同一网络中的人可以获得多个邀请,而你可能会完全错过该网络之外的人

应答质量优于应答数量

回到 2010 年,有个网络恶作剧引起了我的注意(图 2.18)。贾斯汀·比伯的粉丝网站要求人们投票选出他下一场演唱会的地点。结果朝鲜赢了。

Technology

Prank leaves Justin Bieber facing tour of North Korea

By Daniel Emery
Technology reporter, BBC News

⏱ 5 July 2010

图 2.18
BBC 对网络恶作剧的报道

英国广播公司 BBC 假设贾斯汀·比伯在朝鲜没有那么多真正的粉丝（这点我也同意），但是应答来自不喜欢比伯的人，他们借此嘲笑比伯的粉丝。

我们首先考虑一下覆盖情况。粉丝网站采用了"滚雪球"这种方法。如果他们有办法把滚雪球的范围限制在粉丝中，那就什么事也没有，但实际上它被想要取笑粉丝的人注意到了。这意味着很多不是真正粉丝的人被包括进来：大量的覆盖误差。

在抽样方面，粉丝网站根本没有限制应答，他们也没有办法估计出正在抽样的人群规模。这意味着无法计算抽样误差。

应答情况呢？理论上，任何人都可以回答：粉丝、恶作剧者和不在乎的人（还记得冷漠区吗？）。我们可以合理假设"不在乎"的人不会费力做出应答。对这次投票来说，这个结果可以接受，因为它的目标是得到真正关心的人的应答。令人惊讶的是，可能没有太多的不应答误差：尽管不应答者和应答者是不同的人，但是前者可能对结果不造成影响。

这个恶作剧让我明白：让足够多合适的人应答问卷是一件危险的事情。由此带来的一系列挑战，让我时常想起这个问题：我们有没有遇到贾斯汀·比伯问题？

那么，我们如何才能让足够多合适的人回答问卷呢？如何用一种更现实的方式来实现呢？

超量的应答可能来自一个错误的混合群体

毫无疑问，超量的应答看上去令人印象深刻。"我们收到了1万份答案"，这听起来很不错，不是吗？这就足够了。

但是，这并不够。人们很容易混淆巨大的应答和良好的应答。

假设1万人做出应答：如果你正好有1万个客户，那么你的应答率为100%——这很好，你得到了完美的应答。但是也有一些负面影响：你需要花费大量的时间处理所有1万份答案，这可能超出你真正需要的数量。并且，如果你提出的问题不正确，你就没有任何人员储备可以做下一次调查了。

如果你把问卷发给100万个客户，并且得到0.01%的应答率，结果又如何？

或许一万个回答者都喜欢你，而其他的人都很冷漠？又或许这1万个做出应答的人希望推动某个议程？原因不得而知。我们只能说，做出应答的人与没做出应答的990 000人有潜在的不同，这种不同影响到了调查结果。

仅有好的应答率并不够

很长时间以来，我确信如果得到一个好的应答率（通常目标是50%以上），就意味着我有一份很好的问卷。但事实证明，仅有应答率还不够。重要的是前面提到的不应答误差的数量：

> 当回答问卷的人与不回答问卷的人对决定的影响不同时，就会发生不应答误差。

只要应答率低于100%，就可能出现不应答误差。

回到20世纪40年代到50年代的巨无霸调查。调查应答率很高，并且调查方法论者也没有过多关注不应答误差。上世纪末，当调查应答率开始迅速下降时，调查方法学家开始进行各种实验，以探索其对结果的影响。他们必须支付更高的奖励以维持应答率，这增加了成本。这些成本能否证明会产生更好的结果？

答案是：很遗憾，不能。或者，至少不足以证明将应答率作为唯一的质量指标是合理的。

为了做出推断，你需要有代表性的应答

区分"足够多的合适人选"的关键概念是代表性。

如果做出应答的人准确反映了定义人群的观点和特征，就说明他们具有代表性。

在选举中，我们计算当天获得的投票数并宣布结果。"合适的人"的定义就是指投票的人。

对你的调查来说，这取决于你要做出的决定。受访者的简单投票结果是否足够好，或者对推断整个定义人群是否重要？

如果你想根据推论做出决定，就需要应答数据必须能够代表群体。

怎么知道这些应答是否有代表性？这是一个非常难回答的问题。

我们来看图2.19中的鸟类样本图片。

图 2.19
鸟类样本的几张图片

我们很难知道这个样本是否具有代表性，除非对它来自的群体的基本结构有所了解。如果样本来自下面这个集合，它显然没有代表性（图2.20）。

图 2.20
如果样本来自这个集合，显然不具备代表性

这就是为什么你很难知道你得到的应答是否具有代表性：你需要了解定义人群，确保对你的调查做出应答的人都具有代表性。

人口学信息描述了代表性

"人口学"是描述定义人群的统计量，而"人口学分析"（确定人口学统计量并对其进行测量的科学。后者也常常简称为人口学，与前者有些混淆。

更令人困惑的是，在许多调查中，经常会在与年龄（图 2.21）、婚姻状况、性别有关的熟悉问题中听到"人口学"这个词。下面是我们之前在缩小范围寻找定义人群时用到的一些"筛选问题"。

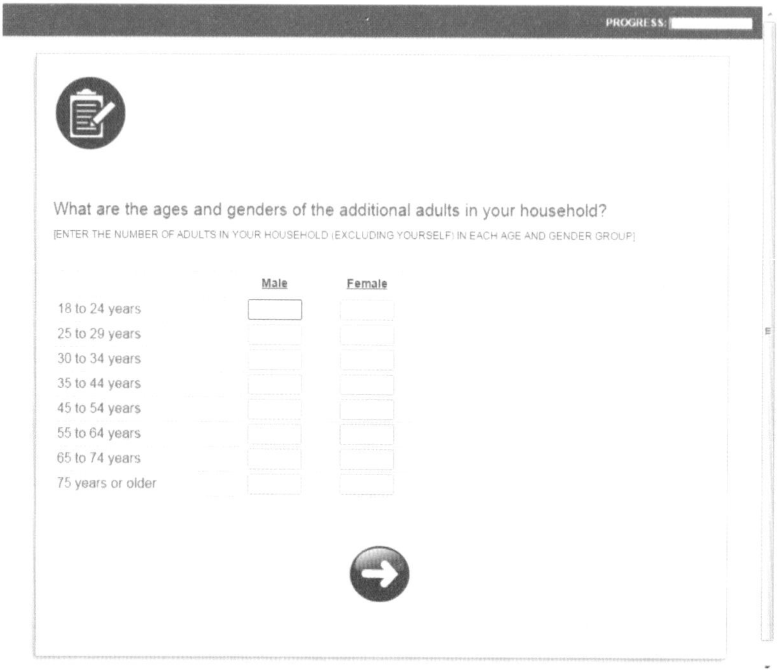

图 2.21
我最近做的一份市场调查问卷：从9个人口学信息问题开始，年龄是其中一个

如果你的被定义人群是"我们工作所在国家的所有居民"，那么就有一种非常方便的方法可以检查代表性：将回答者的人口学信息与你所在国的国家统计局发布的人口学信息进行比较。

大多数国家都只有一个国家统计局。如果是在美国，则会有多个统计机构。如果要计算美国居民的人口学信息，可以访问人口普查局；如果想了解美国的典型职业，可以访问劳工统计局。

使用与被定义人群相关的代表性问题

我们大多数人做的调查，被定义人群都比"某个国家的每个人"严格得多。我们可能想要找到"购买酸奶的人""我们的客户"或者"访问我网站的人"。当然，可以问他们熟悉的年龄和性别等问题，但这些真的有助于你了解他们是否属于被定义人群吗？

此外，许多人会认为这些问题很无聊或者很烦人。

无聊的问题可能会降低忙碌人群的应答率。如果是否"忙碌"对最关键问题的答案没什么影响（例如：你喜欢购买的果汁口味），则不会产生不应答误差。但是对于其他 MCQ 来说（例如：选择如何度过闲暇时间），则可能会导致很多潜在的不应答误差。

侵入性问题[1]会导致中断。你是否想让人们放弃问卷而意外增加你的不应答误差？

正确的做法是，寻找那些与定义人群有关的问题（不用太多），例如：回答者是否属于你的被定义人群，你是否偶然从某些类型的人那里得到了太多答案，而从其他人那里得到的答案太少。

我们来思考下面这个调查。某专业协会希望了解企业主会员是否有兴趣通过该协会购买某些类型的保险。他们的问卷草稿从以下问题开始：

- 性别
- 年龄范围
- 你居住 / 工作的国家
- 城市 / 城镇
- 州 / 省
- 企业的典型活动

其中，"企业的典型活动"是用来确定代表性样本的最有效问题，其次是"州 / 省"，其他四个问题都可以忽略。

对你来说，要了解被定义人群的详细信息也很方便。例如，如果正在寻找顾客，你可以询问他们最近什么时候从你那儿买了东西或者对你提供的产品有何感受。

使用三角验证和迭代来理解代表性

有两种策略可用于理解代表性。

1. 将得到的答案与其他来源的被定义人群信息进行比较（"三角验证"）。

---

① 译注：例如"你多大了？""你挣多少钱？"这类涉及隐私的问题。

2. 从小样本开始，了解有关被定义人群的一些信息。随着了解程度的增加，逐渐增加样本。在增加对被定义人群了解的整个过程中，不断地进行检查（"迭代"）。

我在前面提到，可以使用人口统计局或类似的国家统计机构发布的公开数据作为一种三角验证。你可能还有其他数据来源（比如客户数据）。例如，我曾经在某大型大学的大学生调查中使用三角验证。我们检查了每个学科的受访者比例、他们的年龄以及他们完成的学分是否与整个学生群体比例一致。

在对前端开发人员的调查中，我使用了迭代。我们从一个很小的样本开始，用它来挑战我们对定义人群的想法(开发人员如何与他们的设计师同事合作)。随着知识的增加，我们逐渐增加了样本量并对如何找到他们有了更深的了解。

代表性比应答或应答率更重要

表2.2中包括代表"贾斯汀·比伯问题"的朝鲜国旗。

表2.2　应答、应答率和代表性的比较

概念	定义	示例	主要用途
应答	回答者的数量	10 000	给干系人留下深刻印象
应答率	回答者的数量除以发出的邀请数量	87%	计算样本大小
代表性	找到的受访者是否属于典型定义人群		获得可靠的结果

抽样可能会有哪些问题

本章中提到的误差相当复杂，所以我们先来回顾一下。图2.22 展示了不同的重叠和差异。

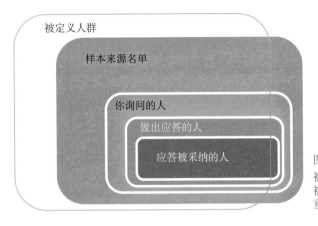

图2.22
被定义人群和应答
被采纳的人之间的
重叠和差异

问题：覆盖误差

如果在一个不理想的名单中缩小范围找人或者通过迭代或"当下发现"来找人，那么几乎肯定会出现一些覆盖误差：

> 当你用来抽取样本的名单中包含一些被定义人群之外的人，或者不包含一些定义人群之中的人时，就会发生覆盖误差。

如果仔细考虑定义人群并尽最大的努力将用来抽样的名单与定义人群尽量匹配，那么就可以将覆盖误差保持在可控的水平。

问题：抽样误差

如果决定询问定义人群中的每个人，那么就不会有抽样误差，但可能会遇到其他问题。

> 当你选择询问一些人而不是所有人时，就会发生抽样误差。

抽样误差引起了很多关注，因为它是唯一可以用统计轻松描述的误差。它是"统计显著性"和"置信区间"等概念的来源。如果你想了解它们，可以看本章后面的专题聚焦D中的介绍。

问题：不应答误差

如果询问的每个人都决定回答，那么你就获得了完美的应答。而实践中，人们总有理由回答或者不回答，因此不应答误差很重要。

> 当应答者与不应答者对结果的影响不相同时，就会发生不应答误差

误差之间相互影响

所有这些误差都是相互影响的。例如，如果你的样本来源名单不是很理想，从而导致覆盖误差，你不能通过增加样本大小的方式来解决这个问题。

如果问的人太多，并且次数太频繁，那些冷漠的人将停止应答，你就会得到不应答误差，并且这个问题无法通过问更多人来解决。可以在图2.23中看到所有三个误差。

图2.23
我们在本章见过的三种误差类型

所有抽样方法都存在折中方案。有时候，一个完美的调查看上去似乎是通过一系列折中找出一条艰难的道路来创建的——而决定样本来源名单就恰恰体现了这种折中。表2.3总结了这些选择。

表2.3　得到样本的五种方法

	覆盖	计算抽样误差	潜在的不应答误差	成本
从私人名单中缩小范围	好	相对容易	取决于名单质量	取决于名单质量
从公共名单中缩小范围	好	有可能	可管理	高
从购买的样本库中缩小范围	不太好	或许有可能	可管理	中
当下发现	可能还行	有可能	取决于时机类型	取决于时机类型
滚雪球	差	不可能	可能会非常高	低

小结

本章为调查计划增添了很多内容。具体如下所示：

- 考虑会影响到应答率的因素
- 调查定义的人群是否存在紧急问题
- 计算需要多少应答
- 确定是否通过缩小范围、迭代或当下获取发现来找到对的人
- 考虑回答者的代表性

在下一章，我们将离开这些宏大艰深的话题，开始从细节上关注如何才能设计出好问题。

这两章之间专题聚焦D。如果干系人坚持要求特定量的样本，因为"我们需要具有统计显著性的结果"，但你自己恰好不是一名统计人员，那么这部分内容就很适合你。对于其他人，请跳到第3章继续阅读。

专题聚焦D 统计显著性

本书前言中，我谈到调查结果是一个可以用来做决策的数字。

有时你会发现，人们会问：这个数字是否具有"统计显著性"。本专题聚焦将快速介绍这个主题。

统计显著性不同于实际重要性

我的显著性定义是基于统计学家埃利斯的书 *The Essential Guide to Effect Sizes*（Ellis, 2010）：

> 一个具有**统计显著性**的结果是一个在数学上不太可能是偶然的结果。

> 一个**实际显著**的结果是一个在现实世界中有意义的结果。

统计显著性是通过使用某种统计显著性检验方法计算出来的结果。它与抽样误差密切相关。并且可以通过使用足够大的样本来回答问卷，或者选择合适的统计检验方法，来获得统计显著性。

相比之下，实际显著的意义要宽泛得多，并且与总调查误差密切相关。可以通过考察调查过程中所有可能出错的事情，并做出正确的选择，来获得实际重要的结果。

统计显著性检验的目的是找到概率

这里给出另外一个定义：

> **效应**是指某个事件的发生不是由于机遇导致的。

从统计显著性检验的角度来看，任何结果要么是一个效应，要么是偶然发生的。统计显著性检验的目的就是帮助确定哪种结果更可能。

统计显著性检验的结果总是报告为一个概率，称为"p值"，通常简称为"p"。

尽管有点武断,"数学上不太可能是偶然的结果"通常表示为"$p < 0.05$",因此我们得出以下结论:

一个具有**统计显著性**的结果是 $p<0.05$ 的结果。

某些事件可能实际很显著,但不具有统计显著性

当目标是得到实际显著的结果时,你很容易知道结果是否统计显著,但是你肯定可以得到一个实际显著却统计不显著的结果。

例如,著名统计学家、剑桥大学教授斯皮格尔哈尔特爵士(Sir David Spiegelhalter)2019年发的推论又引起了我的注意。当时,他将一篇学术论文描述为"震惊"(《明镜》杂志,2019)。

在论文(Hernández, Ospina-Tascón et al., 2019)中,研究人员比较了感染性休克患者的两种治疗方法。对于其中一种治疗方法,212名患者中有92名死亡,占43.4%;对于另一种治疗方法,212名患者中有74人死亡,占34.9%。这意味着死亡人数减少了18人,死亡率相差8.5%。

可以从图D.1中看到,较好的治疗方法的累积死亡率从4天后始终低于另一种治疗方法。斯皮格尔哈尔特教授清楚地认为这在实际中很重要。

在本文中,显著性检验的结果($p = 0.06$)并不完全符合我们在定义中提到的 $p < 0.05$。作者说没有发现效应,而没有指出因为统计效力不足,导致无法判断明显更好的结果是偶然发生还是由某种效应导致。

如果我是另外18名死于较差治疗方法的患者的亲属,那么我至少希望看到进一步的研究建议。

某些事件可能具有统计显著性,但实际上并不显著

测试的数据点越多,就越有可能识别出效应,意味着你将拥有更大的统计效度:

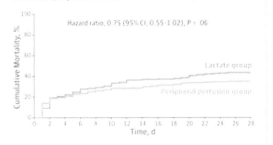

图 D.1
两个治疗组的全因死亡率

(感谢 HTTPS://JAMANETWORK.COM/JOURNALS/JAMA/ARTICLE-ABSTRACT/2724361)

统计效度是指一个测试能正确识别出效应的概率（Ellis，2010）。

不幸的是，有些事件的效应虽然可认检测到，但实际上并不显著。

这里有一个来自真实实验的例子。研究者针对一份电子客户满意度调查，旨在说服人们从智能手机切换到电脑上完成调查。研究人员对近10000人进行了一项实验(引自Peterson，Griffin et al.，2017)，分成三个大致相等的组。一个小组在邀请中收到一条消息，告诉他们在电脑上完成调查比在其他设备上更有效（邀请组）。第二组在调查的介绍页（介绍页组）中收到了类似的消息。最后一组没有收到任何消息（控制组）。

研究人员记录了从智能手机切换到电脑的回答者比例。

样本量如此巨大，以至于各组之间的差异具有统计显著性。但研究人员指出，在这种情况下，效应量（受影响更换设备的人数）太小了，以至于在实际中没有任何意义。这个实验展示了在不考虑对决定有用的效应量的情况下选择大样本量的风险。

	邀请组	介绍页组	控制组
未切换设备	99.7%	99.1%	99.6%
从智能手机切换到PC	0.3%	0.9%	0.4%

"样本量太大以至于无用"这个问题是最近出现的。当费舍尔（Ronald Fisher）在20世纪20年代的统计背景下第一次开始谈论"显著性"时，数据集必须很小（按照今天的标准），因为真的很难对大数据集进行计算。使用当时可用的工具，统计思维的主要问题是你可以使用多小的数据集。

如今，计算机为我们做计算，所以我们必须更加深入地思考效应大小的重要性。有时使用巨大样本量来检测效应是合适的（比如亚马逊每天销售数十亿件商品），因此微小的效应也很重要。但其他时候，大量数据可能使获得统计显著的结果看起来很容易——但这在实际场景中真的有意义吗？

某些事件看起来具有统计显著性，是因为错误的假设

我前面提到，统计显著性和实际显著性可能大不相同。公正地说，通常具有实际显著性的效应也具有统计显著性。

这让问题进一步变得复杂，因为有许多不同的方法可以测试统计显著性。为了确保统计检验的正确进行，需要考虑下面三件事情：

1. 选择统计检验（数据的数学处理）
2. 统计检验所需的数据假设
3. 你提供给统计检验的数据量

例如，统计检验通常假设数据集来自随机样本。如果不是（或许因为你选择了"滚雪球"采样），那么统计检验将给出一些看似有效的结果，即使它们可能没有按照预期方式工作。

如果你的干系人真的对统计显著性感兴趣，那么可以在收集数据之前与他们讨论一下：他们认为哪些统计检验更适合他们做出决定，

这点很重要。然后，你必须相应地调整数据收集方法，以便满足这些统计检验的假设。这就是为什么本篇专题聚焦要出现在第3章之前。

如果你正在独自做调查，并希望获得有关如何选择检验方法的建议，许多大学都为学生提供了这样的建议，例如 www.sheffield.ac.uk/mash/statistics/what_test。

许多一流的统计学家反对过度使用统计显著性

你可能已经注意到，我对过度使用统计显著性持怀疑态度。2019年，我很高兴地发现许多一流的统计学家都同意我的观点，其中超过800人签署了一项呼吁，要求将统计显著性作为一种有限应用的工具。他们的观点摘要发表在《自然》杂志上，标题为"科学家们反对统计显著性"（Amrhein, Greenland et al., 2019和图D.2）。

例如，有三位统计学家推荐了一种基于ATOM的方法：

> 接受不确定性（Accept uncertainty），深思熟虑（Thoughtful）、心态开放（Open）和保持谦虚（Modest）（Wasserstein、Schirm et al., 2019）

就个人而言，我会利用ATOM原则来指导自己关注实际显著性，并思考整个调查章鱼。

例如，我不会试图对整个定义人群做出断言，而是经常报告从实际回答问题者那里了解的信息，并指出在使用样本时总是存在一些不确定性。

图 D.2

这幅漫画表明，统计显著性将像其他被丢弃的概念（例如燃素）一样，被"关进小黑屋"

最好有一个置信区间

有时，可能需要对调查的总体真值信息的不确定性进行解释。

> 总体真值是指精确地询问被定义人群中的每个人并且每个人都作出准确回答时所得到的结果。

置信区间是一种对不确定性进行量化的方法。

置信区间是一种估计总体真值范围的统计方法（Tullis和Albert，2008）

要获得一个置信区间，需要首先确定一个置信水平（即在寻找的确定性有多大）。

大多数人选择95%的置信水平，这与我们之前看到的"p < 0.05"有关。但对日常决定来说，人们通常选择90%的置信水平（因为不需要将结果发表到学术期刊），这相当于p < 0.10。

置信区间依赖于随机样本，所以需要付出足够的努力来获得随机样本或者至少相信你拥有的样本没有过度偏差。

举个例子来说，假设你想估计儿童的平均身高。如果决定去一所大型学校，测量你找到的第一间教室里所有孩子的身高，以此来获得一个估值。你可能会得到所有5岁孩子的身高，这绝对不是随机样本。

此外，需要考虑数据的分布情况。用统计术语来说，就是样本的"标准差"。置信区间的计算依赖于样本标准差与总体标准差相似。

以儿童身高为例，5岁儿童的身高分布很可能比一般儿童要窄很多（我见过15岁的孩子，他们的身高很容易达到1.8米，但很少发现一个5岁的孩子身高能达到1.2米）。

网上有很多计算器可以计算置信区间，大多数电子表格也内置了这些功能或者提供了免费的插件。

在下一个例子中，我选择了一个计算器，当我知道样本算术平均值（比如42）、标准差（5.7）、样本大小（500）以及我想要的置信度（95%）时，就可以用它来计算置信区间。

表D.2　基于95%置信水平的置信区间

平均数	标准差	样本大小	期望置信水平	置信区间
42	9.8	500	95%	41.1~42.9

换句话说，我接受总体真值的平均数有5%的风险会落在41.1到42.9

之外。我有一个相当大的随机样本，所以精度很高。

假设我只能负担50个样本量。现在，我得到一个更大的置信区间。

表D.3　样本量减少引起置信区间调整

平均数	标准差	样本大小	期望置信水平	置信区间
42	9.8	50	95%	39.3~44.7

对一个样本量为50的样本，我接受总体真值的平均数有5%的风险落在39.3到44.7之外。样本量越小，置信区间越大。

当你尝试围绕百分比或比例而不是平均值来确定置信区间时，计算过程会有所不同。因此，当你在网络上搜索计算器或者在电子表格中选择一个计算器时，确保已经选择了一个与正在处理的结果类型相匹配的计算器。

使用自己想要的误差幅度来计算样本量

除了收集数据并计算出置信区间，我们还可以反过来设想需要多精确的结果来做出决定？

> 误差幅度是自己需要的结果的精确度。

使用样本量计算器：

- 猜测均值和标准差可能是多少
- 确定需要的误差幅度
- 选择愿意接受的置信水平
- 将这些数字输入计算器

计算器会告诉你达到预期的精度需要多少个样本。

当然，我建议你不要完全依赖猜测，而是先进行预测试，以便获得均值、标准差和应答率的初始估值。

统计显著性也与假设有关

在这篇专题聚焦中，我谈到了统计显著性和实际显著性的区别，提到了效应量和统计效力。

我还没做的是对这个关键定义的解释：

> 一个**统计显著性**的结果是 $p < 0.05$ 的结果。

所以有如下定义：

> p 值是当零假设为真时，出现比观察值更极端的数据的概率。
> (Vickers，2010)

如果你想阅读我对该定义的逐步解释，包括了解"假阳性"和"假阴性"的概念，请访问我的网站：www.effortmark.co.uk/statistical-significance。■

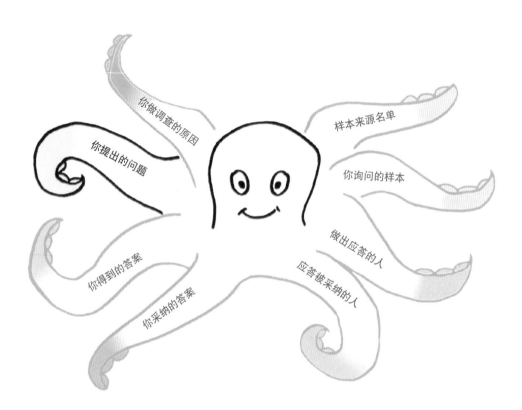

第3章

问题：撰写和测试问题

在上一章中，我们了解了调查章鱼的右侧，思考了回答调查的人以及你想询问的人数。

现在切换到左侧，看看你可能会问什么问题。

在学习本章之前，需要了解以下两点：

- 你想问什么——特别是你最关键的问题
- 人们想告诉你什么——特别是他们的紧急问题

理解回答问题的四个步骤

有时，一个问题的回答是如此快速和容易，以至于你几乎都注意不到它。

"谁在那儿？"

"我！"

其他问题可能更加复杂。图3.1的问题25，显示了一个令人生畏的问题。

问题25

在最近5天工作中，你估计自己在工作电脑或其他设备上使用公开可用的在线服务（不包括电子邮件、即时通讯、以及搜索）完成工作的时间占总工作时间的百分比是多少？

图3.1

一个令人生畏的问题，尤其在我已经回答了24个问题后看到该问题

为了给出答案，我有很多工作要做。

1. 理解问题。

例如，什么是"公开可用的在线服务"？

2. **发现答案。**

我需要回想一下我最近的活动，并想出在"最近5天工作中"做了什么。

3. **对答案进行判断和抉择。**

这件事情对问题的意义是什么？我愿意告诉他们这些吗？

4. **对问题进行应答。**

猜测一下，也许是25%？公平地说，至少这个问题没有强迫我选择他们提供的答案，因此无需猜测该选哪个选项。

最后，此刻，我可能只是感到厌倦，并决定中断调查。

你当然不希望人们猜测、中断或者对你的问题感到困惑。

图3.2是我改编的《调查应答心理学》（Tourangeau，Rips et al.，2000）中的四个步骤。我们将详细查看每一个步骤。但首先我想提醒的是，它们有时会互相混淆。在回答简单问题时，这些步骤发生得如此之快，以至于你几乎注意不到它们。而类似问题25这样的问题，则在每一步都构成了相当大的挑战。

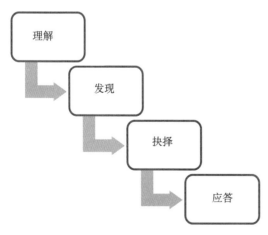

图3.2
应答问题的四个步骤

好问题容易理解

要想理解一个问题，人们必须做到以下两点：

- 把它从页面上移到自己的脑海里（感知）
- 把它变成对自己有意义的东西

感知问题：看、听或感觉

你是通过看纸上的字、看屏幕上的点、听屏幕阅读器、触摸盲文显示器还是其他方式来阅读问题的吗？

你阅读时是拿着平板电脑坐在舒适的椅子上、站在通勤列车上、在商店里翻阅纸质问卷还是在其他什么地方？

你有没有足够的时间来消化每一个文字，还是匆匆读完？

你询问的人有他们各自不同的环境、技术和可用时间。注意：如果他们无法感知问题，那么他们肯定无法将其转化为有意义的东西。

将其转化为意义：简短而简单

比较一下简单问题"谁在那里？"和可怕的问题25，很明显，相比理解两个单词并从超过40个单词中构建含义更难。总的来说，句子越简短越好。

但简短还不够。例如，我可以通过删除其他单词来缩短这个可怕的问题，使其长度只有原来的一半。22个单词完全符合"短句"（25个单词或者更少）的典型准则。

> 在最近几天工作中，你利用工作或设备使用公开可用服务（包括即时服务）的时间比例是多少？

并没有多少帮助，对吗？

将其转化为意义：以熟悉的方式，使用熟悉的词

我们都习惯了职业环境中的单词和短语。对我们来说，它们是一种方便的速记。对外人来说，它们是行话：不熟悉的词或者（甚至更糟）以奇怪的方式使用的熟悉的词。

让我告诉你我在政府机构工作时向农民提出的一个问题：

> "你用的是什么浏览器？"

我知道农民的数字技能差异很大。一些农民给出了很长的回答，比较了他们喜欢的网络浏览器的优点，并解释了他们为什么有时会选择切换到其他浏览器。其他人给了我们类似下面这样的回答：

> "什么是浏览器？"
> "哦，你是说我怎么上网吗？我点击了'e'。我一直不明白为什么'e'代表互联网。"
> "谷歌。是的，我用谷歌。"

我最喜欢的采访是针对一个完全没有数字技能的农民。她在一个偏远荒野中的农场养羊（图3.3），她的技能包括繁殖和训练用来管理羊群的牧羊犬，因为农场的土地不适合任何车辆通行。但农场没有电话和移动信号覆盖，而且她也没有电脑，所以"浏览器"对她来说毫无意义。

回想起来，发现牧羊人不熟悉IT术语并不奇怪。发现与自己从事相同工作的人不熟悉自己使用的行话，这可能会更令人惊讶。

例如，我曾经帮助一组设计师和开发人员向类似的人询问他们的工作细节。我们根本没想到行话问题。

我们的其中一个问题是：

> "你在这个项目中使用了什么方法？"

在做测试时，我们发现与一半的被试并不知道我们的意思，而另一半人对它的解释也不同于我们的设想：我们想知道他们是否使用了

诸如BEM（Block，Element，Modifier）之类的前端CSS命名规范，
但他们的回答是使用了敏捷开发方法。

（由纺织艺术家KATE LAWLER 提供）

图 3.3
荒野绵羊

于是我们回到问题，仔细思考我们真正想要知道什么之后将其修改
为下面这个问题：

　　"你遵循的是哪种CSS架构？"

现在，我们以对被定义人群有意义的方式使用他们完全熟悉的词。
以熟悉的方式使用熟悉的词。

　　"我当然可以读它，"他说，"我知道每个字的意思。"
　　"很好，然后呢？"马斯克林（Masklin）说。
　　吉德尔（Gurder）看上去有些尴尬。"我就是不知道整个句子是
　　什么意思。"他说。（Pratchett，1990）

将其转化为意义：要求人们一次只专注于一件事

我发现，刚刚接触调查研究的人最常见的一个错误是在一个问题中同时询问两件事，如图3.4中的问题31。

(31) Do you have independence in choosing projects and directing your energy? (with 10 being the highest)

图3.4
问题31："你在选择项目和投入精力方面有自主性吗？（10分代表最高）"

让我们稍微拆解一下问题31。也许你在所有的事情上都有自主性：简单。或者你可能完全受老板或其他人的摆布：问题可能会使人感到不快，但至少很简单。

那些在开始时可以选择项目但在执行过程中几乎没有控制权的人呢？那些必须接受分配任务但可以选择在不同方面投入精力的人呢？

调查方法论者称这是一个双管问题，借用的是可同时开火两次的双管猎枪的"双管"这个概念。

你认为我对上面这个例子有些挑剔了，是吗？试试图3.5中的这个，来自一个针对情绪低落者的在线诊断测验。

第18题，共18题

如果本问卷表明了某些问题，那么这些问题对你的工作、照顾家庭事或者与其他人相处造成了多大的困难？

图3.5
这个问题包括工作、家庭和其他人

当我们测试情绪低落的问题时，我们知道人们对工作、家庭和与他人相处会有不同的答案：一个三管问题。尤其不幸的是，情绪低落往往会对人们的认知能力产生不良的影响。

好问题容易找到答案

理解了问题后，必须找到答案，如图3.6所示。

对于"你上次去杂货店是什么时候？"这类的问题，答案大概是在记忆中的某个地方。你可能需要考虑一段时间。但对于大多数人来说，回忆是可能的。

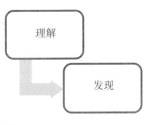

图3.6
下一步是寻找答案

第二类问题要求从其他地方收集答案。例如，在图3.7中，一家英国超市的反馈问卷需要填写收据或邀请卡上的4位数字才可以开始。图中从哪儿收集答案的图片很有帮助。

图3.7
从超市收据中收集答案

有时，必须询问其他人才能得到答案。也许另一个人会记住一些你记不得的东西（"我忘记了我们的酒店房间号。你能回忆起来吗？"），又或许这是你一开始就不知道的事情（"妈妈，你知道我打那个疫苗时多大吗？"）。如果问卷是针对一家企业，那么你可能需要问很多人才能理解它。

还有最后一个类别：你必须在被问到时创建的答案。最近，英国媒体《卫报》问了我一个问题（图3.8），问我对"我觉得与卫报非常亲近"这个陈述的认可度如何。这是我从未想过的话题，所以脑子里没有直接的答案。我无法在网上查找答案，并且觉得问别人这个问题的话会显得我很傻，所以我在思考之后编造了一个答案。

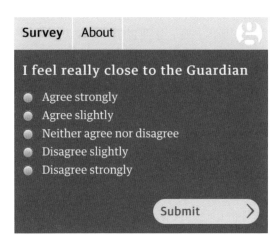

图3.8
一个让我编造答案的问题

有时，一个人使用的策略取决于问题及其所处的环境。例如，图3.9展示的是针对杂货店的存货进行询问。

Are there any other products you would like to see stocked in this store?

图3.9
还想在本店看到哪些存货

一个人可能需要参考自己的记忆回想一下："让我想想，我买不到麦片的时候是在这家店还是在那家店？"

如果刚刚在杂货店体验过令人沮丧的经历，进店后发现购物清单上的有些东西在店里没有，那么，针对"你还想看到哪些存货"这个问题，你可能会把购物清单中没买到的东西作为答案。

另一个人可能会询问一起购物的其他人："你昨天买不到的那个啤酒是什么？"

还有一个人可能希望表现自己的创意："既然你提到了，我们正在改变以植物为基础的饮食方式，所以，嗯，让我想想，豆豉怎么样？"

现在，回顾一下你的问题，预期一下人们可能用来回答这些问题的策略。总的来说，"头脑中的策略"是最简单的。如果你希望人们收集答案、询问其他人或者创建答案，你会增加他们的付出，这可能会阻止人们完成你的问卷。

有一条近似的遗忘曲线

我们来思考一下对特定事件的记忆。只有满足下列条件时，才可能准确回忆起事件内容：

- 首先，你注意到了该事件并记住了它
- 记忆仍然存在并且容易想到
- 记忆没有被其他东西混淆或覆盖

有些人比其他人更容易记住某些事情。如果是结婚、旅行，或者搬家之类的重大生活事件，一年之后很可能还会回忆起其中的许多细节，甚至更多。有时候，令人痛苦的生活事件让人难以忘怀，甚至成为负担，导致不愉快的闪回（flashback）甚至创伤后应激障碍。其他记忆则可以成为持续快乐的源泉，一个可以随意重游的"快乐之地"。

对于我们中的许多人来说，一些引人注目的偶然事件可以在一两周内被清楚地记住，但随后就开始消退。例如，我喜欢购买缝被子的材料。我可以轻易地回忆起两周前的旅行和我选择的面料，但几个月前发生的事件的细节已经消失了，与记忆中更早的事件合为一体。

还有一些不起眼的重复事件，几乎无法在一小时后被回忆起来。我今天看了多少次手机？不知道（尽管我大概能猜出来：无数次）。

我在图3.10中比较了这些不同的体验。

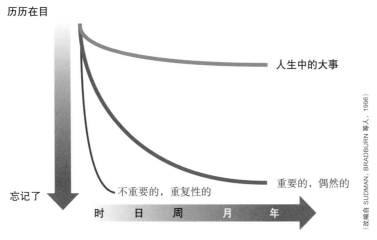

（改编自 SUDMAN、BRADBURN 等人，1996）

图 3.10
近似的遗忘曲线

询问一个最近的生动经历

让我们再看看问题25，这次是在图3.11。对我们中许多人来说（当然也包括我），它询问的是无法回忆的不起眼事件。我也许能够估计自己昨天花了多少时间看电脑，但是没法准确估计我用它做了什么。

Question 25

In your **last five days at work**, what percentage of your work time do you estimate that you spent using publicly-available online services (not including email, instant messaging, and search) to do your work using a work computer or other device?

%

图 3.11
问题25询问了不起眼的重复行为

对回忆的可行性应当现实一点。选择适合事件类型的时间段，询问人们最近的、生动的体验，以获得最好的数据。

区分回忆和再认

市场研究人员通常希望了解人们对于品牌的想法和感受，以便为关注品牌定位或者近期广告活动效果的客户提供相关信息。

例如，在查找巧克力品牌时，如图 3.12 所示，优秀的研究人员总是会首先要求回忆：

"请说出三个巧克力品牌。"

然后才会要求再认（也称为提示性回忆）：

"你最近有没有看到或者听说过这些巧克力品牌？

- 吉百利
- 好时
- 雀巢等

（由 CHRISTIAN GUTHIER 提供，WWW.FLICKR.COM/PHOTOS/WHEATFIELDS/4146894012）

图 3.12
如果所有的问卷都是关于巧克力的就好了

回忆是一项更困难的任务：它依赖于人们对该产品类别足够关心，从而对品牌留下一些记忆。这正是很多广告的目标：它试图让你关注于一个品牌足够长时间，以便记住某些东西。

再认更容易，因为它创造了一种直接的体验。但是再认有一个缺点，它会让你专注于所提供的列表——可能会排除本可以被提到的其他品牌。你能想到哪些品牌？

避免让人们预测未来行为

你是否注意到巧克力问题问的都是你最近看到什么、听到什么，而不是你接下来打算购买哪个品牌？

这是良好调查实践的一个例子：询问最近发生的事件，或者人们现在的想法，而不是他们将来可能会做什么。

如果你让人们预测他们的行为，那么就是创造一个回答，众所周知这是不靠谱的。想想你自己的行为：如果你曾经跳过计划好的锻炼，吃了一些不打算吃的不健康食品；或者仅仅因为你对所需时间的预测不是很准确而错过了最后期限，那么你自己的例子就已经足够了。

所以令人遗憾的是，没有多少"预测曲线"可以告诉你哪些关于未来的答案是靠谱的，如图3.13显示的巨大的叉号。

简单的建议：不要让人们预测行为。

但是我见过太多关于预测行为的MCQ。我经常看到以下3个。

1. "你会买这个产品吗？"
2. "这个价格会让你更有可能购买吗？"
3. "你会向朋友推荐我们的产品吗？"（是的，这就是我们在专题聚焦B中看到的NPS）

更细致的建议如下：

> 如果必须要求人们预测行为，请记住没有太多"预测曲线"。

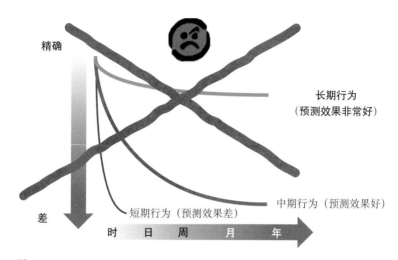

图 3.13
没有太多"预测曲线"

好问题回答起来令人舒服

回答问题是一种社交行为。在图 3.14 的第三步中,"决定"指的是你做出的决定,即是要透露你的答案或者在有多种可能性时选择哪个答案。

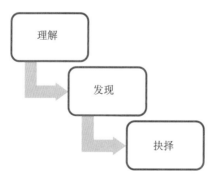

图 3.14
第三步是确定答案

心理语言学专家梅恩(Lise Menn)列出了人们使用语言的一系列用途:

"人们选择措辞的目的是对其他人产生预期的影响——得礼貌对待、得到理解、让他人感觉是自己人或外人、让他人感觉良好或羞愧、鼓励或安慰、打动或告知。"（Menn，2011）

轻率地选择措辞或者观点的不同，都可能导致如图3.15所示的困难的交谈。

图 3.15
未经考虑的答案可能会产生不良影响

对于我们大多数人来说，大多数时候，决定说什么和怎么说的过程都是无意识的。

让我们听听成凯文（Kevin Cheng）的一个例子，如图3.16所示：

假如我在车里，有人打电话问我："你在哪里？"以下是我可以给出的一些答案：

- "我在车里。"（这有些用，但没有描述太多东西）
- "我在一辆黑色斯巴鲁里。"（这可能是完全不必要的细节。如果这个人正在寻找你的车，它可能非常有用）
- "我在路上。"（它与"在车里"有相似的效果，因为它传递了你处于运动状态的信息，但仅此而已）
- "我快到了。"（这是更有用的信息，尽管它很模糊）
- "我在第四大道。"[它更精确更有用，虽然不一定表明你就在那儿（Cheng，2012）]

图3.16
你在哪里？

你可能会给出更多选择，例如"堵车，所以我还不知道什么时候能到你那儿。"

"抉择"的过程就是寻找合适答案的小算计。

隐私很重要

"我不告诉你。"

你可以做出的最明显的决定就是你愿意透露什么信息以及向谁透露。对于那些试图向你出售酒店房间的公司来说，关于收入的问题可能是无礼的，但是对于有法律授权的政府机构来说则是可以接受的（尽管繁琐）。几乎任何问题都存在某种情况下可接受，另一种情况下不可接受的情况，例如：

"你住在哪里？"

"你的电子邮件地址是什么？"

"你的社会安全号码是多少？"

在这个互联网时代，当我们很容易从各种各样的人那里得到问题时，我们也敏锐地意识到答案可能会落入坏人之手。

还记得调查章鱼（图3.17）吗？回答者"决定"回答一个问题的原因很大程度上取决于你的提问原因以及回答者的关注点。

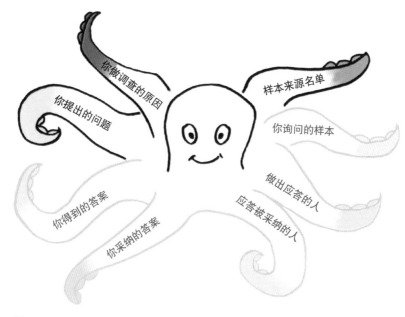

图3.17
一个问题的可接受度取决于你为什么提问以及谁在回答这些问题

他们是否足够信任你以至于在调查中透露自己的社会安全号码？可能不是。那为什么你需要它呢？

他们是否足够信任你以至于以在调查中透露自己的电子邮件地址？可能是。这取决于你打算用它来做什么。

他们是否足够信任你以至于告诉你他们是否拥有电子邮件地址？或许是（假设他们知道"电子邮件地址"是什么意思）。

上下文影响决定

普通对话是基于对连续陈述之间的关系进行推断。

如果完全不考虑上下文，则对于问题"你能看到药店吗？"，可能会有下面几种解释：

> Q-a："如果你现在环顾四周，能找出任何可能是药店的商店吗？
> Q-b："药店的新广告牌是否足够明亮，即便在恶劣天气下也能被看到？"
> Q-c："你的视力是否好到让你发现一家药店？"

你认为凯文一直在他的车里，所以Q-a看上去可能是最明显、最合理的解释。

如果我改变了上下文，其他解释可能看起来更合理。例如，我可能会把Q-b的上下文解释为是关于重新放置广告牌的对话，把Q-c的上下文解释为在验光师的办公室里。

也可能不是这样。一旦确定对问题的观点，就很难被别人说服。

一个问题可以根据之前发生的事情而改变其含义。调查方法学家对这些如流沙般变化的现象非常熟悉，并将其称之为"上下文效应"。

> 当问题依其在问卷或对话中的位置不同而改变其含义时，就会发生上下文效应。

这方面的例子数不胜数。我特别想提到的是心理学家 Cordelia Fine 的这个例子：

> 你是否曾在类似这样的表格上填写过问题？
>
> [ ] 男性
> [ ] 女性
>
> 即使是这样一个天真的中性问题，也会产生性别启动。（Fine，2010）

"性别启动"指的是：类似这样的问题会提醒女性，社会对女性能力的看法是性别化的，因此引导她们在回答中反映出这些性别观点。例如，法恩（Cordelia Fine）描述了一个实验。在这个实验中，一个性别启动问题导致女性对自己的数学技能的评价低于那些做了相同练习但前面问题不同的女性（Sinclair, Hardin et al., 2006）。

了解性别启动之后，我对是否需要询问性别变得更加谨慎。如果一定要询问，我会尽量将问题放在调查问卷的末尾。

回答者的背景也很重要

通常，创建的问题会反映自己的世界观，这与你所询问的人的世界观可能迥然相异。例如，以下内容摘自综合社会调查的问题测试，该调查是由芝加哥大学国家社会科学数据计划开展的当代美国社会调查。在这个例子中，问题假设人们会认同某个政党，但这位受访者显然没有。这里I代表访谈员，R是受访者，::代表前面单词的延长。

> I：大体来说，你通常认为自己是共和党人、民主党人、独立人士，或者其他？
> R：是一个人。
> I：共和党人::
> R：不是。
> I：民主党::
> R：不是。
> 我：独立人士或者其他。
> R：嗯::我认为自己是一个（停顿）基督徒。
> 我：好的。（记录）。但是从政治上来说，你有什么特别的::（听不清）
> R：我是某个见证会的成员，所以，你知道，当时间来到::
> 我：我明白了。
> R：所以我，我服从政府，但它是……的政府。
>
> (Suchman and Jordan, 1992)

这段摘录来自1992年出版的一本书，但我可以向你保证，今天我们在决定如何回答时面临的困难和当时一样多。例如，在我写下这句话的前一周，两个来自不同组织的调查询问了我关于"支持我的本地社区"的问题。我无法决定如何回答，因为我所属的社区是基于共同的兴趣形成的，例如我们支持的慈善机构，而不是基于地理位置。

对答案做出抉择可能会令人痛苦

有时候，"搅尽脑汁"寻找答案的过程会激起痛苦的回忆，或者让你想起一个非常敏感的话题，从而让是否透露信息变成一个困难的抉择。

让我们简要地回顾一下那个常见的关于性别的问题。法恩（Cordelia Fine）将其描述为"天真的中性"问题。这里有另外一个观点：

> "对于某些跨性别者来说，这是一个无尽的心碎之地。每当我填写表格时，我都在这里停下来。长时间的停顿。一个犹豫。一声叹息。我不是男性。我不是女性。在纸质表格上，我经常将其留空……
> 想想当你填写表单时，在表单上找不到你的选项会是什么感觉。
> 想象一下，一遍又一遍，一遍又一遍地做这件事。想象一下，害怕填写表单并不是因为它很麻烦、很重复、很无趣。想象一下，害怕填写表单是因为你知道每次填写它时，你都必须撒谎。"（Smith，2009）

当然，问卷是自愿填写的。所以如果你的定义人群中的任何人觉得自己像前面这样被问及性别问题时，可以选择中断回答。但不利的一面是，你会丢失他们的数据、观点、甚至可能是好感（如果这是针对客户的调查）。

虽然对于性别来说，有意识的敏感可能相对较少，但是其他许多话题也可以激起令人不快的情绪，例如亲人去世、疾病、离婚或者失业。

波特彻尔（Sara Wachter-Boettcher）用感动人心的笔触写到，当她不得不回答下面这个问题时，脑海中闪过的情绪和决定：

> 一张表格上写到："我是我母亲的第＿个孩子"（Wachter-Boettcher，2015）。

对我们许多人来说，透露家庭中我们的出生顺序并不会引起特别的共鸣，但波特彻尔不一样，她有一个婴儿期就夭折的弟弟。

幸运的是，波特彻尔将她强大的情感引导到了与梅耶（Eric Meyer）一起合写《为真实生活而设计》这本优秀的书籍中，如图3.18所示。

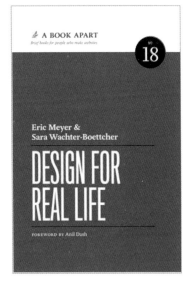

图3.18
为真实生活而设计

好的问卷容易做出应答

大多数传统调查都依赖访谈员面对面或者通过电话进行访谈。访谈员读出问卷中的问题，受访者做出应答。访谈员必须准确记录这些应答，有时还包括受访者对答案的解释，以便确定如何记录它们（最后一步：应答），如图3.19所示。

利用一些新奇的想法，比如让人们做网络调查，应答任务就转移到了回答问题的人身上。创建一个容易回答的好问卷是一个很大的话题，我们将在第4章中整章的篇幅来讨论。

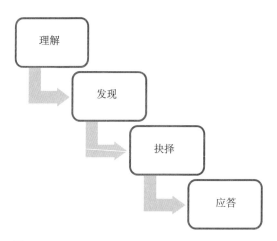

图 3.19
回答问题的四个步骤

在认知访谈中测试你的问题

通过预先测试问题，你可以在制作问卷时节省大量的时间和精力。

如果像我在第 2 章结尾处推荐的那样，使用访谈来发现紧急问题，那么你将领先一步。因为这些访谈通常会揭示世界观冲突问题，或者隐私和信任问题。

现在已经有了特定的问题。即便如此，为了揭示隐藏在其中的细节问题，进行一些认知访谈也绝对是值得的。

尝试一些认知访谈

试这自己进行这个小的认知访谈。回答下面的问题时，请大声思考并注意你的思考过程。

"你家有几扇窗户？"

你有没有感到任何犹豫或者困惑？也许你现在并没有住在室内里或者目前没有固定的住所。

也许你不确定什么是窗户。我朋友的厨房和客厅之间的墙上有一些内窗。他们算窗户吗？我家的前门（如图3.20所示）有两块玻璃板，可以算作0、1或2扇窗户。

（由 WIL FREEBORN(WILFREEBORN.CO.UK) 创作的水彩画。灵感来自英国政府数字服务拍摄的照片）

图3.20
我住在一栋建于1896年的房子里，门上装有玻璃板

你的回答策略是什么呢？你是否因为某种原因碰巧知道答案，也许因为你最近更换了所有的窗户？或者你在脑子里想象自己站在房子外面看着它，或者从一个房间走到另一个房间？你是否一直在进行心算、使用手指，或者在纸上记录？

当你尝试对你的问题进行一些认知访谈时，你会发现各种各样的事情。

对被定义人群中的人进行认知访谈

从你的被定义人群中找几个人，邀请他们回答你的一些问题（避免使用"认知访谈"这个技术术语）。

如果希望人们在小组中完成问卷，那么可以通过焦点小组来测试这些问题。

因为我总是希望人们自己回答问卷，所以我的目标是一对一进行认知访谈。当然，如果受访者带了一个助手、护理员、家人、或者朋友来（因为他们平常填写问卷时也会带着那个人），也是欢迎的。

我通常会要求对方逐一回答问题并执行以下操作：

- 大声朗读问题
- 用他们自己的话向我解释问题
- 出声思考以找到一些可能的答案
- 告诉我选择哪个答案

与此同时，我会一边静静地听着一边做着笔记。"静静地听"是最难的部分——专注地倾听很有趣，但也很累。

最重要的是，认知访谈远比一开始与干系人一起开会尝试编写问题要快得多，也有趣的多；也比事后诸葛亮的（如果你是一个团队）地解释回答者会如何看待你的问题要强得多。

问题可能会有哪些问题

撰写问题并不容易。你从被定义人群中找到的人可能存在以下风险：

- 无法理解你的问题
- 理解问题的方式与你的预期不同
- 没有答案
- 答案不准确
- 不想告诉你他们的答案

问题不起作用时，会发生测量误差

如果发生下列这些事情，就会遇到测量误差。

> **测量误差**是答案真值与你得到的答案之间的差异。

图3.21中位于调查章鱼的两个触手（"你问的问题"和"你得到的答案"）之间的差异是测量误差。

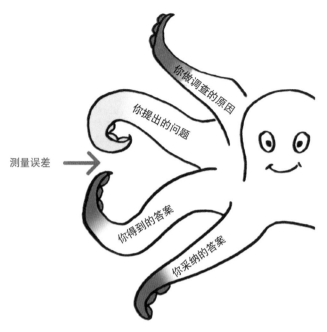

图 3.21
测量误差发生在你问的问题和得到的答案之间

一个令人不舒服，但是主要的潜在测量误差来源是：人们无法回答或者不会回答最关键问题。不舒服的地方来源于这个困境：

● 选项 1：是否明知最终结果中会有很多误差，也要继续进行调查？

或者：

● 选项 2：迭代。是否返回目标阶段并找到一个新的最关键的问题？

显然，我希望你会选择选项 2：迭代，特别是它给了你另一个机会来考虑你在第 2 章的访谈中发现的紧急问题。但即使你决定继续下去，最好还是认真考虑一下这个阶段可能遇到的问题。此时你仍然有机会帮助回答者，也许是写一个更好的邀请，或者是对最关键问题的措辞略加修改。

小结

所有这些关于问题的工作意味着，你现在有了下面这组问题：

- 帮助你做出策定的最关键问题
- 受访者最想和你谈论的话题：紧急问题
- 易于被人们理解和回答的问题

是时候把它们变成问卷了，你将在第4章做这件事情。

在此过程中，你会在专题聚焦E中发现精读材料"隐私"。请务必阅读它。

另外还有两个专题聚焦：

- 专题聚焦F"选择调查工具时要问的问题"，因为经常有人向我问起这个主题
- 如果愿意考虑使用网络调查之外的其他方式来发布问卷，可查看专题聚焦G，"选择模式：网络、纸张或其他方式？"

当你想好问题并准备开始创建问卷时，隐私问题就是一个至关重要的考虑点。

我们来思考几个例子。某一天，当我在常用的搜索引擎中输入"数据泄露"并查看"新闻"类的搜索结果时，我发现其中包括美国童子军的一家供应商、培生出版社以及新西兰政府的供应商发生的数据泄露事故，如图E.1中的新闻报道。

图E.1
数据泄露的众多例子之一

另一天，另一次数据泄露。对于那些未能妥善处理隐私问题的组织来说，这又是一次大写的"尴尬"（甚至可能是巨额罚款）。这些事例很容易让人联想到"很高兴，这不是我干的工作。"

如果组织中有隐私专家，那么你的想法可能是对的。你可以跳过这个专题聚焦去咨询他们（但你可能也想先阅读它，以便在开始讨论之前了解关键概念。）

或者你可能像我一样，自己负责隐私问题。我请苏格兰隐私专家伯恩斯（Heather Burns）来帮助我们。她与软件项目和开发人员合作，帮助他们改进隐私保护方法。

她说："这就是我工作的全部意义，真的。"她不是律师，我也不是，所以请大家不要把这篇介绍误认为是法律建议。

为什么要为调查准备隐私影响评估(PIA)？如何做

问：我对隐私问题有点发怵。它是不是一堆繁琐的、包含各种可能处罚的法律条文？

答：重要的是意识到良好的隐私实践并不可怕，而且可能也不需要一屋子的律师。它可以让你做出明智、主动的决定：将用户放在第一位并自始自终保护自己的工作。

问：调查的"用户"是指回答你问题的人吗？

答：对的。

问：如果必须亲自解决调查面临的隐私问题，我该从哪里开始？

A：你需要考虑两件事：如何从内部保护自己以及如何从外部保护你的用户。

首先，你自己需要在隐私问题发生之前预测它们。我会通过帮助客户制订隐私影响评估来做到这一点。

问：隐私影响评估究竟是什么？

答：隐私影响评估通常缩写为 PIA。这是一种讨论和记录正在从事的工作以及正在收集的信息中的隐私风险的方法。它承认你已经思考过这些问题、确定你需要采取的预防措施并记录你的决定。

问：PIA 是否与你在大多数网站上看到的隐私声明相同？

答：不相同。隐私声明是你在步骤2中将要制作的公开文件：从外部保护你的用户，而 PIA 文件是严格用于内部的。技术上讲，如果发生数据泄露或隐私相关事件，数据保护监管机构可以要求查看你的 PIA 副本。

问：每个人都需要一份 PIA 吗？

答：我的规则是"如果你问了是不是需要，那么就说明你需要。"数据泄露可能会以你不希望的方式成为头条新闻。

仔细并创造性地思考组织和自己目前从事的项目存在哪些内在的风险：

- 声誉受损？
- 负面的媒体报道？
- 愤怒的数据保护监管机构？
- 来自受侵害数据拥有者的集体诉讼？

即使是学生或小生意人，也容易被现在野蛮的社交媒体网暴。

是的，这就是你要考虑法律问题的目的，但你也不一定非要从"遵守或者死亡"的角度来看待它。考虑最佳实践、建立用户信任和工作透明度。这绝对是一个法律问题，但同样也关乎你如何成为一个好人。

问：好的 PIA 需要具备哪些条件？

A：以下是我推荐的步骤。

1. 建立文档。花时间制作一个模板，可以在每个新项目中使用它。

2. 描述下列内容：

- 正在收集的信息
- 为什么要收集
- 使用信息的目的
- 从谁那里收集信息
- 信息存放地点
- 谁可以访问它
- 信息保留多久
- 如何汇总信息
- 事情结束后如何处理调查数据

3. 描述这些信息是如何流动的：

- 从你的用户到你
- 从你的用户到调查工具
- 从你到你的合作伙伴
- 从你的调查工具到第三方

仔细思考。信息流会让你大吃一惊，尤其是从你的调查工具到第三方的信息流。如果你尚未阅读调查工具的隐私政策，那么现在就是个好机会。

4. 确定下列工作都是谁在做。

- 谁有权访问数据？
- 谁是主管？
- 谁是负责人？
- 谁的工作是处理用户关切？
- 如果出现问题，谁来处理？
- 谁在密切关注数据使用情况，例如谁在访问数据？
- 如果数据保护监管机构想了解情况，谁是联系人？

5. 确定数据中存在的隐私和数据保护风险。如果你的数据集出现以下情况，会发生什么事？

- 被滥用？
- 被破解？
- 被泄露？
- 被与其他数据一起合并？

6. 确定并列出你正在采取的措施，以减轻这些风险并尽可能阻止它们发生。

7. 记录你从步骤1到步骤5所做的一切，并在记录上签名。记录单上需要有人的名字。

8. 根据需要修改和更新PIA。在项目事后分析中使用它。

9. 重复上述操作。

重要提示：如果PIA流程中出现了诸如"我们是否应该这样做？"或者"这样做合法吗？"之类的问题，你可能会面临着一个更大的问题（相比文档模板而言）。

问：看起来工作量很大。但我能感觉到，拥有PIA并对其不断进行修改是值得的。请告诉我，拥有一份好的PIA是不是会使编写隐私政策变得非常快速和容易？

答：绝对是的。人们想知道他们的数据会被怎么使用，以及他们是否可以信任询问者。如果仔细完成PIA，你就会知道这两件事。

我希望在面向公众的隐私声明中看到以下内容：

- 你收集了哪些关于我的数据？
- 你为什么要收集它？这需要具体说明。
- 这样做合乎法律和社会公平吗？你是一个数据吸血鬼吗？
- 你会和哪些第三方共享数据？你只是中间人吗？
- 你合并了哪些第三方数据（即使第三方是在线广告联盟）？
- 还有谁可以访问它？
- 你准备保存多久？
- 是否合并或剥离了个人识别信息？

- 会有后续活动吗？如果我不想再收到你的信息怎么办？
- 如果我稍后改变主意，并决定不希望你拥有我的数据，应该怎么办？我怎样才能从你那里取回数据？

问：是的，我发现这些问题看起来有点令人望而生畏，但是没想到吸血鬼这种说法。我还发现，如果你认真完成了 PIA 的工作，那么它们会相对容易回答。所以现在我有了隐私通知，应该把它放在哪里呢？

答：放在回答者能够轻松阅读的地方。

- 对于在线问卷，隐私声明以一个提前问题（"你想阅读我们的隐私声明吗？"）的形式包含在问卷中；或者提供一个网站链接，并使回答者能够容易地从该链接返回问卷。
- 对于面对面的问卷，给受访者提供纸质副本。
- 对于电话问卷，访谈员必须能够大声朗读隐私声明。尽量让它足够短，以便于理解。
- 在环境问卷（ambient questionnaire，指留下来供人们拿取的问卷，例如有时在咖啡馆桌子上看到的小问卷）中包含一个纸质版网站声明链接。
- 在纸质问卷中，有时候隐私声明会印在邀请函的背面，以便任何想阅读声明内容的人翻过来就能看到。
- 信息亭有点棘手。对于只有一个问题或按钮的非常简单的问卷，你最好将链接发布到信息亭上面。如果你的信息亭包含多页问卷，那就更像一个在线问卷，最好将隐私声明创建为一个问题。

问：最后还有什么要说的吗？

答：当你把隐私看作是为了更好的结果而做的工作，就会感觉更容易一些。尽量不要将隐私视为可怕的、需要逃避的负面法律问题。这是一个获得信任和用户授权的机会。它会使你成为一个更专业的人。■

专题聚焦F 选择调查工具时要问的问题

一个常见的问题是："什么是最好的调查工具？"

这不是一个容易回答的问题，因为有数百种各种价位的工具可供选择。新的工具持续出现，旧的工具消失或者变化。此外，对我来说最好的工具对你来说可能并不是最好的。甚至对一项调查最好的调查工具对另一项调查也可能是不适合的，尤其是在大型组织里。

所以我不打算推荐任何特定的工具，而是提供一些你做选择时需要考虑的建议。

你熟悉特定的工具吗？

如果你已经了解了一种工具，为什么不继续使用它呢？这将节省你的学习时间。你可以把这些时间花在测试问卷和进行迭代上。

你关心隐私吗？

是的，这是一个诱导性问题。你读过专题聚焦E吗？如果没有，现在就回去读一下——这是必不可少的。

好消息是，到目前为止，我看到的每一个调查工具供应商都有隐私政策。

坏消息是，这些政策变化很大。我的经验是，要弄清楚工具提供商希望你做什么（来保护回答者隐私）以及它会为你做什么并不容易。

另一个坏消息是，你想要的在线工具的某些功能（例如：它能阻止有人做两次应答吗？）依赖于对人们的追踪，而这很容易破坏匿名性。

考虑调查工具时，确保你有足够的时间来阅读它的隐私政策。

你关心可及性吗？

是的，"你关心可及性吗？"是另一个诱导性问题。你当然关心可及性！这是正确的做法。

你不想让有使用需求的人难以回答你的问卷。而在社交媒体广泛使用的今天，谁想处理那些诸如"我想回答X组织的问卷，但是无法增加文本长度"的愤怒评论呢？"

不幸的是，可及性在调查工具中是一个被严重忽视的领域。尽管有些工具声称为回答问卷者提供访问功能，但是似乎没有一家供应商意识到有使用需求的人也可能会尝试完成调查（尽管在许多国家，这是一项法律要求，确保选择的工具可供当前和未来的员工使用）。

当你阅读本文时，我希望工具会变得更好。同时，如果你自己有使用需求，或者有使用需求的同事可能参与你的调查，那么我所能做的建议就是：用你所掌握的工具尝试一个小型调查。如果它不适合你，可以大肆抱怨一番。

要确定问卷对有访问需求的人是否适用，最好的办法就是选择一种声称具有某种程度的可及性的工具。然后当你测试问卷时，确保受访者中包括一些有访问需求的人。在案例研究"对使用辅助技术的人进行调查"中有一个如何做到这点的例子。

组织是否已经有调查工具？

我发现，即使是最小的组织可能都订购了一个或多个流行的互联网调查工具。大型组织可能有一个市场研究或者客户洞察部门，使用功能齐全的市场研究工具并支付大笔费用。使用已有的工具可以省钱，并且通常你会得到更熟悉它的同事的免费帮助。

此外，与组织中使用工具的其他用户联系意味着你可以将你的调查与正在进行的其他调查进行对比——也许可以一起工作，或者你发现根本不需要进行调查，因为另一个团队已经问了类似的问题。

是否需要服务中包含样本库管理？

回到第2章，我们研究了寻找样本的三种方法："缩小范围""滚雪球"和"当下发现"。

从公共名单中"缩小范围"的一个特殊示例是使用样本库，即由调查工具供应商维护的名单。

如果一个调查工具或市场研究公司向你提供受访者名单，或者为你发送邀请，那么他们将利用独有的样本库来做这件事。样本库中的成员几乎都是通过"迭代"法招募的：人们自愿选择加入样本库。

这些样本库有以下优点：

- 样本库成员都表示愿意接受邀请并完成调查。
- 样本库供应商的人际网络很可能与你自己的人际网络不同。

它们的缺点是：与所有"滚雪球"方法一样，在覆盖方面存在很多问题。

如果你只进行一次性调查，并需要确保受访者代表一般人群，那么样本库不是一个寻找样本的好方法，原因如下：

- 它们在线招募样本库成员，并依赖向成员发送网络问卷调查，因此你不会接触到穷人或者无法使用互联网的人
- 在某些类型的样本库中，成员们不断收到邀请，以应答那些具有上世纪50年代"查户口"心态的巨无霸调查。长时间留在样本库中的人必须对回答大量问题有很高的容忍度，并且他们手上有很多时间。这不是寻找忙碌者的地方
- 在其他类型的样本库中，成员们很少收到邀请，因此他们会感到无聊而离开

如果反复使用这些样本库，并询问一些精心挑选的问题，以此帮助你评估样本的代表性，那么在你第一次使用样本库进行调查时，可以了解样本库的组成以及样本库成员对你的主题和问题的反应。然

后，在第二次和随后的迭代中，可以判断这些迭代的回答者与前面的回答者相比是否具有代表性。

每次迭代使用相同的样本库很重要，如图 F.1 所示。

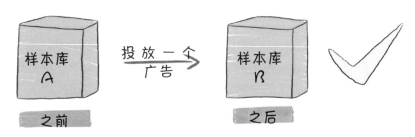

图 F.1
要比较投放广告前后的反应，你需要每次都从同一个样本库中获取样本

对于进行比较调查的市场研究人员来说，样本库非常有用。假设你想了解 Choco-xx 的现有购买者在看到 Choco-gf 的令人兴奋的广告后是否会喜欢购买新的无麸质 Choco-gf。你可以从样本库中抽取样本，以便了解有多少人是 Choco-xx 的买家，并询问他们对麸质的看法。然后，在展示了 Choco-gf 广告后，再次进行调查。现在，原始样本的代表性已经无关紧要了：你现在比较的是来自同一样本库的前后结果。

由于这种前后比较有赖于每次使用相同的样本库，因此大品牌们对于一开始从哪里获取样本非常谨慎，因为更换成本很高。为保持可比性，每次更换都意味着要同时使用新旧两个样本库一段时间（成本翻倍），以便了解如何比较新旧样本库，并校准新面板。

听起来很复杂？是这样的。我之所以会提到这些，是因为从供应商那里购买样本这个看似"简单"的解决方案，在实践中可能会变得更加复杂。

不要陷入我经常看到的错误之中：先选择工具，然后决定使用购买的样本，因为工具提供了这项服务。不要让自己选择的工具决定自己的采样策略。

如果选择自建样本库而不是依赖调查工具供应商，可以查看我与兰德（Naintara Land）合写的文章"关于用户研究面板的 7 个问题"，（www.uxmatters.com/mt/archives/2017/06/7-questions-about-user-research-panels.php）。

该工具要让你下载数据吗？

许多调查工具会提供各种"实时"报告。这些工具可能会给出你需要的分析。但根据我的经验，在工具中进行数据清理（第6章）要困难得多。我更倾向于将数据下载到我喜欢的电子表格中。大多数调查工具都可以让你下载数据，但在使用工具前一定要先确认，尤其是在免费版或者试用版中，这项功能可能不可用。

需要翻译吗？

如果需要翻译，可以寻找那些提供语言支持（例如处理适当的口音、处理特定语言的标点符号惯例）的工具。当你测试每一种语言版本的问卷时，确保与母语为该语言的人一起工作。

愿意花多少钱？

询问价格总是值得的。但是在调查领域，"更昂贵的工具"并不总是意味着"更适合你的调查"。额外的费用可能会增加你不需要的东西，例如更多的受访者、样本管理，或者不同的人同时创建调查。

例如，我正在使用一个工具进行调查，该工具的免费试用版允许最多100个应答。我屈服于为"付费"而花钱的诱惑，因为我认为更多的应答会让人更加印象深刻。我忘记了花钱会带来更多的分析工作，而额外的工作并不会使我们做出的决定有任何不同。

是否必须创建大量的巨无霸调查？

尽管我一直鼓励你在进行巨无霸调查之前尝试轻触式调查，但我也完全明白，职业生涯中，就得在最佳实践和环境允许之间进行妥协。

如果必须管理多个巨无霸调查，就应该寻找诸如版本控制、不同问卷中重复使用的问题、允许多个调查组织者在同一时间访问该工具等功能。

可能不需要的调查工具功能

这让我想到选择调查工具的最后一个话题：几乎肯定不需要的东西。

我从一些顶级工具的营销宣传中挑选了一小部分功能。

表F.1　调查工具的功能选择以及为什么可能不需要它们

功能	含义	为什么可能并不需要它
针对文字和图像的A/B测试	同时运行两个测试来比较一个小的改变(A)和另一种方法 (B)的效果，看看哪一个得到"最好的结果"（通常是最多的点击次数）	可能需要进行A/B测试，但它与你在调查中做的不是一回事。不要因为一个工具提供了一种完全不同的方法而选择它
100多种问题类型	一些调查工具供应商使用术语"问题类型"来表示呈现问题方式，例如提供一个开放式的文本框，或者一个滑块	我们将在下一章考虑提出问题的方式。我称之为"应答格式"，并建议坚持使用少数简单的格式
人工智能支持的调查审查	计算机程序将查看你的问卷针对问题给出反馈，例如问题是否太长	通过使用这本书，并与我建议的人一起测试，你就是在应用真正的智能

如果看到这些功能后想到的是"哦，所有功能我都用过。"这说明你显然已经拥有了调查工具。这让我回到之前的问题"是否已经熟悉特定的工具了？"

但对于我们其他人来说，不要仅仅为了额外的功能而被说服购买更昂贵的工具。使用任何你觉得方便的方式开始创建问卷，这将帮助你更快对想要的回答者展开测试。

我用Word写了很多问题，因为我很熟悉Word，它的功能足以满足我对收集认知访谈问题的需求，并且我经常要与不熟悉其他工具的干系人合作。这些优势足以让我克服与人争论Word带来的不便——它从未被设计为一个调查工具，并且当我创建实际问卷时，需要付出额外的工作以便将所有内容转移到另一个不同的工具上去。

给喜欢"自己动手构建工具"的人提供一个说明

如果你拥有开发技能，并且通常会自己动手做表单和网站，那么在我看来，这就属于"使用熟悉的工具"的范畴。大胆干吧！这种方法的优点之一是你可以将所有数据存储在组织的服务器上，因此不必担心第三方调查工具的隐私政策。当然，仍然需要考虑自己组织的隐私政策。

不过，我还有一个额外的建议：留出几个小时进行技术调查，以便了解自己动手创建问卷需要多少时间（与使用流行的调查工具创建同样的问卷相比），并检查这些调查工具所提供的功能（例如，管理来自同一 IP 地址的访问）。这将让你很快了解到：究竟是将时间花到从头开始构建问卷合适，还是使用工具更合适。

我认识一些开发人员，他们觉得自己动手创建问卷更快、更舒服；其他人则倾向于使用调查工具（他们做调查通常比大多数人快得多）来进行偶尔的问卷调查。　■

对使用辅助技术的人进行调查

克里斯·莫尔（Chris Moore）是英国税务海关总署（HMRC）的数字无障碍冠军。他本人是辅助技术的使用者，因为他既失明又失聪。他使用的设备如图CS2.1所示。他与时任英国政府数字服务（GDS）可及性主管的阿利斯泰尔·达金（Alistair Duggin）合作，开展了一项针对政府数字服务的调查。

图CS2.1
用于可及性
测试的一系
列设备

GDS负责英国政府的单一网站GOV.UK。GDS可及性团队想了解GOV.UK网站的访问者使用了哪些辅助技术，他们认为调查是找出答案的最佳方式。可以在博客文章中阅读他们发现的更多信息："2016年GOV.UK辅助技术调查结果" https://accessibility.blog.gov.uk/2016/11/01/results-of-the-2016-gov-uk-assistive-technology-survey/。

以下内容是我针对调查执行经验对他们俩进行的访谈。

问：你们的调查肯定得让依赖辅助技术的人能够使用，因为这是调查的全部目的。你们是如何选择工具的？

克里斯：我首先在谷歌表单中创建了一份调查草稿。我能利用辅助技术使用表单，但是当我查看HTML页的编写方式时，我有一些担忧。此外，谷歌表单需要绑定到单个用户的账户，并且提供的分析功能较差。第一次测试是我们两一起进行的。我们一致认为需要寻找其他工具。

阿利斯泰尔：我使用了许多工具来创建问题的HTML页，查看它们是否遵循表单最佳实践。没有一个工具这样做，而且它们都没有包含被认为是表单最佳实践的代码。我们选择了Survey Monkey，因为它对标记语言支持的最好，但它绝不是完美的。

克里斯：我们还注意到，英国领先的视力丧失人士慈善机构RNIB使用Survey Monkey进行他们自己的调查，这让我们增加了一些信心，相信我们的屏幕阅读器用户也能应答我们的问卷。

问：你们在创建问卷时做了什么特别的事情吗？

克里斯：我们坚持只在每一页呈现一个问题，以此保持表格的极简。我们可以在Survey Monkey 中使用一些花里胡哨的东西，但这会带来可及性方面的权衡。

我们还为无法使用Survey Monkey的人士提供了其他信息提供方式（Word文档或者电话）。

问：你们的选择是否正确？

阿利斯泰尔：我们收到了712个应答。这为我们测试GOV.UK时决定使用哪些辅助技术提供了很多重要信息，所以答案必须是"是"。

克里斯：有大约10个人使用了其他信息提供方式，所以我们很高兴提供了这些选项。

问：如果再次进行类似的调查，你们会做一些不一样的事情吗？

阿利斯泰尔：2018年2月，汤普森（Terrill Thompson）发表了文章来论述4种流行工具如何处理最重要的问题类型："带单选按钮的多项选择：在线调查工具的比较"（http://terrillthompson.com/blog/ 854），并且发现许多问题可能会阻碍人们使用访问技术，类似我们在审查中发现的问题。下次进行调查时，我们希望调查工具厂商在支持可及性标准方面做得更好。

案例研究（续）

问：对于正在做调查的人还有其他提示吗？

克里斯： 别忘记让使用辅助技术的同事可以访问你的报告。我们在 GDS 可及性博客上发布了我们的结果，并且我们知道许多阅读博客的人使用辅助技术。

例如，我使用条形图（图 CS2.2）为能够看图的人显示结果，并使用一个相应的表格（表 CS2.1）为像我这样不看图的人显示同样的文本结果。

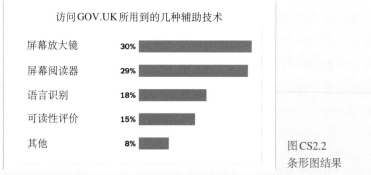

图 CS2.2
条形图结果

（来自 HTTPS://ACCESSIBILITY.BLOG.GOV.UK/2016/11/01/RESULTS-OF-THE-2016-GOV-UK-ASSISTIVE-TECHNOLOGY-SURVEY/）

表 CS2.1　使用各种辅助技术的受访者比例

辅助技术	受访者比例
屏幕放大镜	30%
屏幕阅读器	29%
语言识别	18%
可读性评价	15%
其他	8%

专题聚焦G　选择模式：网络、纸质或其他

我最近看到的大多数调查都是在访问网站时弹出来的，其余的许多调查是通过电子邮件邀请送达的。因此，我有一个大胆的猜测：当我说"创建问卷"时，你已经想到了一个网络问卷，并且计划通过网络方法（例如弹窗、banner位或者邮件邀请）来邀请自己定义的人群。

但是让我们先暂停一会，考虑一下有没有其他方法可以让你获得更好的应答率，甚至更进一步，让你获得更有代表性的应答。

要弄清这一点，可以试着自己收集一些数据，比如下周（或任何你能投入的时间段）试着计算你收到下列信息的次数。

- 网络问卷的弹窗邀请、banner位邀请或其他基于网络的邀请
- 在线问卷的电子邮件邀请
- 通过邮寄方式寄给你的纸质问卷
- 甚至是，要求你回答的电话问卷（如果愿意在实验过程中接听一些陌生来电的话）

调查方法论者在谈论模式时，通常指的是问卷的交付形式：

1. 通过面对面访谈的形式进行交付
2. 以纸质形式邮寄
3. 通过电话访谈的形式进行交付
4. 通过电子邮件邀请发送网络问卷

此外，我还想讨论以下两种模式。

1. 一份放在手边的问卷，比如放在咖啡馆的咖啡杯旁边的问卷（我称之为环境问卷）。
2. 一个专门的信息亭，放在人们走过时可能会回答的地方，如图 G.1 所示。

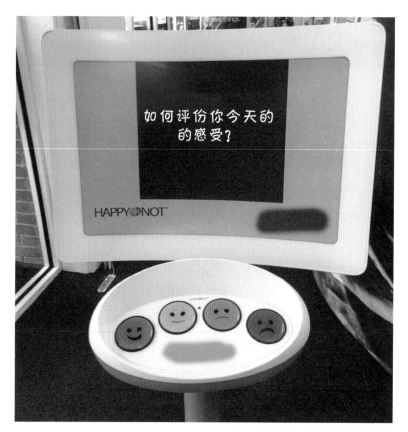

图 G.1
笑脸信息亭有带有面部表情的按钮

下面根据前几章提到的核心思想，尝试对每种模式的优势和挑战进行对决。为简便起见，这里忽略了使用多种模式或者混合模式的复杂情况。

模式对决：问卷尽量简短

人们经常问我："我的问卷可以有多长？"

我的回答是："问卷应该足够短以鼓励人们完成它，同时也应该足够长以尊重人们的付出并获得有用的见解。"但这也取决于你所使用的模式。

为了说明这一点，我要从表G.1中的指南开始讲起。

表G.1　不同模式下建议的最多问题数

模式	最多问题数	为什么这是正确的长度
网络问卷的网络邀请	1个问题	大多数人会拒绝回答1个以上的问题
环境调查	理想情况下为1个问题，但是可以支持1到2个额外的问题	当它们不超过明信片大小时效果最好。文字需要足够大以便轻松阅读，因此你的问题数量非常有限
信息亭	大多数情况下为1个问题。有些设计可以支持最多约五个问题	"快乐的脸"类型的信息亭只能支持一个问题

一些定制的信息亭可以支持任何长度的问卷，但你不能指望人们站在那儿回答问题超过一两分钟 |
网络问卷的电子邮件邀请	最多耗时10分钟，例如：10个封闭式问题和一个文本框	你正在构建一项更实质性的研究。它更像是一次对话
纸质问卷	理想情况下，最多耗时不超过10分钟	理论上，纸质问卷可以是你喜欢的任意长度。实际情况下，注意力会衰减
面对面或电话访谈	最多耗时15分钟，其中大部分是开放性问题	这应该是一次真正的对话，对受访者想要提出的任何话题都应持开放态度

模式对决：从正确的人那里获得答案

在第2章，我们了解了如何使用以下策略，从定义的人群中挑选样本：

- 当下发现
- 滚雪球
- 从列表缩小范围

如果选择"当下发现"，那么模式对决的获胜者将是面对面访谈。作为访谈员，你会在现场观察人们，并根据事先决定的抽样策略接近他们。当然，他们中的许多人会说"不"，但他们对精心设计的面对面方法说"是"可能同样容易。

模式对决的亚军是环境问卷和信息亭。这两种方法都适合想要"当下"应答的人（就像面对面方法一样），但是应答率可能要低得多。拒绝来自真人的礼貌邀请需要付出一些努力，而忽略环境问卷或者信息亭则几乎不需要任何付出。

没有访谈员，很难知道谁在真正回答问题，就像有一天我在一家商店的出口发现一个信息亭时了解到的那样。周围没有其他顾客，所以我和隔壁桌子的店员聊了会儿。她告诉我，按的人确实很多，但几乎都是些无聊的孩子。他们被有趣的面孔所吸引，在上面乱按一气，以此打发时间。我还见过公共卫生间的出口有一个信息亭。这让我想到，只有那些比我更相信别人会仔细洗手的人才会回答问题。

与此相反，笑脸信息亭的市场领跑者 HappyOrNot 公司声称，他们的应答率远远高于通常情况下的环境问卷，尤其当笑脸信息亭被安装在有数千人想要表达意见的场所（例如足球场）时更是如此。而且，售货亭确实是一种让恼怒的顾客在不与员工对抗的情况下发泄情绪的方式（"按下按钮时的客户满意度"，《纽约客》，2018，网址为 www.newyorker.com/magazine/2018/02/05/customer-satisfaction-at-the-push-of-a-button）。

支持信息亭的最后一个观点是：它们根本不必是"笑脸"类型。我在多个不同类型的博物馆前看到游客排队等着回答相当广泛的问卷。

如果选择了"滚雪球"，那么当你开始创建名单时，网络问卷将是明显的赢家。网络问卷的应答率通常非常糟糕，但是网络问卷可以很容易地在社交媒体上分享和转发给其他人。

与网络问卷相比，要分享其他模式则困难的多。让我们看一个关于面对面的故事。想象一下：你正在商场悠闲地购物。访谈员走近你，请你帮忙填一份问卷并提供适当的激励（可能是咖啡店的代金券）。你开始填写问卷。它很有意思，你想把它推荐给朋友，但是访谈员已经走了，并且朋友现在也不在商场，你怎么办？

如果选择了"从列表中缩小范围"，那么明显的赢家将是电话访谈或者通过邮件发送纸质问卷，如表G.2所示。没想到吧？因为这两个都是昂贵的选择。在当今一切都数字化并且大多数人能够访问网络的情况下，推荐明显过时的纸质问卷和电话访谈似乎有点奇怪。这点我也同意。之所以这样做的原因是：尽管现在的邮件调查和电话采访应答率比十多年前的典型应答率低很多，它们仍然比其他模式的典型应答率要好得多。

表G.2　从合适的人那里得到答复

策略	结果
当下获取	胜出：面对面访谈
	亚军：环境问卷，信息亭
	败北：网络问卷的网络邀请
滚雪球	胜出：网络问卷的网络邀请
	败北：其他任何模式
从名单中缩小范围	冠军：通过邮件发送纸质问卷，电话访谈
	败北：其他任何模式

模式对决：每个可用应答的成本

对决的最后一项话题是成本。

干系人通常会考虑发送邀请需要花费多少成本，不同模式的典型排名如表G.3所示。

表 G.3　干系人对不同模式进行排名

费用范围	模式
每个邀请高至几千美元	面对面访谈
	电话访谈
	纸质问卷
	环境问卷
	电子邮件邀请
每个邀请低至几美元	网络邀请

如果从回答者的角度来看，模式的排名会发生变化（如表G.4所示）。许多人每天都被各种邀请包围。网络邀请或电子邮件邀请很容易被忽视，而其他方法由于出现的次数相对较少，使它们看上去比较有趣，并提高了感知到的回报。

表 G.4　不同模式下可能的付出回报比

付出回报比	模式
糟糕的付出回报比	网络邀请
	电子邮件邀请
	环境问卷
	纸质问卷
	电话访谈
良好的付出回报比	面对面访谈

有没有发现前面这两个列表完全相反？

协调不同观点的方法之一是计算每应答成本。

每应答成本是邀请、提醒和处理所有应答的总成本除以应答数量。

表 G.5 是每应答成本的一个示例，基于下面这些假设：

- 网络邀请发给250 000个人，不含激励，后续工作很少，应答率相当不错，为0.1%（对网络调查来说很不错）
- 纸质邀请函发给500个人，包括印刷、包装，以及邮寄邀请函的费用；信封中的一美元钞票；后续工作较多；问卷的合理应答率为50%

表 G.5　网络问卷和纸质问卷的成本示例

	网络问卷的网络邀请		纸质问卷	
准备邀请		500美元		500美元
邀请人数	250 000		500美元	
每个邀请的成本	0	0	2美元	1 000美元
激励	0	0	1美元	500美元
后续	0	0美元	1美元	250美元
应答率	0.1%		50.0%	
应答人数	250		250	
处理应答		1 000美元		2 000美元
总成本		1 500美元		4 250美元
每应答成本		30美元		17美元

在上述示例中，得到以下事实：

- 使用纸质调查问卷的工作量更大，但调查的人更少，每应答成本仅为网络问卷的一半多一点
- 以实际花费的美元计算，纸质调查问卷的成本几乎是网络调查问卷的三倍
- 为了通过网络问卷获得250份应答，我们必须邀请250 000个人。这可能会惹恼他们中的很多人或者进一步降低他们将来做出应答的可能性
- 纸质问卷有250人应答，仅250人未应答（还不算太烦人）

以下是干系人认为更重要的事情：

- 获得大量高质量的应答并尽量减少被邀请打扰的人数
- 总体上少花钱

还有其他发现最佳模式的方法吗？那就是迭代。尝试使用最方便的方法，邀请最少的人数来获得结果，与干系人讨论，然后决定是否继续使用该模式，或者尝试其他模式。

每个模式各有利弊

我承认我的同事和客户很少能被别人说服而改变自己最喜欢的模式，即通过电子邮件发送网络邀请。但是，如果你的干系人更愿意接受不同的想法，那么表G.6对各种模式的优劣势比较可能有助于你说服他们。

表 G.6　各种模式的优劣势比较

模式	优势	劣势
环境问卷	• 及时：回答基于最近的、难忘的经历	• 应答率可能很低 • 许多受访者看到了太多这种问卷 • 必须很短
网络问卷的电子邮件邀请	• 便宜、快捷、方便 • 知道你的收件人是谁 • 问卷可以更长	• 许多收件人可能已经饱受邮件超载困扰 • 垃圾邮件过滤器可能会拦截掉你的调查问卷

模式	优势	劣势
通过邮件发送纸质问卷	• 非常确定调查会到达你的受众；容易随信附上激励 • 计算每位受访者的成本时可能具有成本效益 • 问卷可以更长	• 除非高度个性化，否则可能会被视为垃圾邮件 • 干系人认为成本高且过时
面对面访谈	• 相当罕见的方法，因此可能会获得不错的应答率，特别是在精心挑选的激励措施和熟练的访谈员的情况下 • 问卷可以更长	• 可能很难在特定地点找到你的受众 • 成本高 • 可能被干系人认为过时 • 需要熟练的访谈员
电话访谈	• 使你能够创建一个很好的名单，以供随时采样和调整 • 问卷可以更长	• 对你的受众来说可能具有侵入性，对你来价格昂贵 • 通常基于固定电话，因此存在覆盖误差，因为现在很多人只使用移动电话 • 需要熟练的访谈员
网络问卷的网络邀请，例如弹窗、banner广告	• 即时、快速、便宜 • 被视为默认值，可能是干系人的唯一选择	• 应答率很糟糕 • 必须与其他许多调查竞争，这些调查通常都很糟糕；问卷必须简短

其他需要考虑的模式

如果在六种模式之间进行选择还不能满足要求，你还有其他模式可选。例如，在英国2021年人口普查中，每个家庭都会收到一封邮寄的邀请函，其中包含访问网络问卷的代码。邀请函还提供了通过网站或电话索取纸质问卷的选项，那些不希望其他人知道自己答案的人可以索取一个个人私有代码。

此外还有一些其他想法需要考虑。

随着电话访谈和网络邀请应答率的下降，一些组织正在重新使用短信问卷（当短信曾是一种广泛使用的技术时，市场研究人员尝试过这种想法。但后来短信被互联网取代）。几年前，当我第一次看到短信问卷（图G.2）时，它对我来说是新东西，我很高兴地回答了问题。

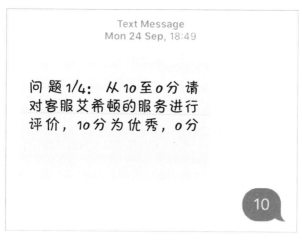

图 G.2
一份客户满意度问卷的第一个问题，通过短信发送

可能当你阅读本文时，短信问卷已经被过度使用，以致于其应答率也会下降。

你还能想到哪些完全不同的东西吗？纽曼（Tabetha Newman）曾在英国布里斯托尔市尝试寻找一种环境调查方法。她设计了一个有趣的"投票手推车"（图G.3）。人们通过拿起一个小球并将其投入"是"或"否"手推车来回答最关键问题，速度非常快，几乎不会打断他们的行走。她有一份较长的纸质问卷，供任何想要回答补充问题的人使用。

图G.3
拿起一个小球并将其投入"是"或"否"手推车中

（感谢 TABETHA NEWMAN，TIMMUS LTD）

下面将由你发挥想象力，想出其他在回答者面前提出问题的有趣的方式。　■

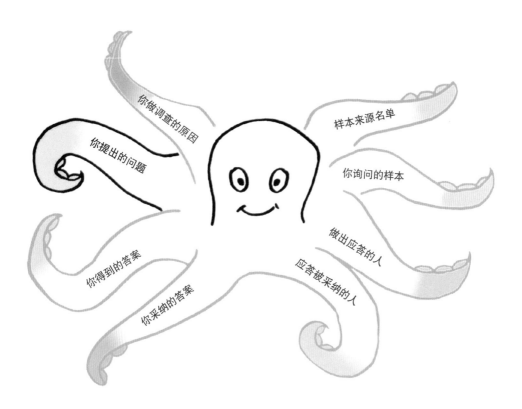

第 4 章

问卷：创建和测试问卷

写好问题之后，下一步就是把它们变成调查问卷。

我们仍然在处理调查章鱼的"你询问的问题"触手。本章内容主要关于回答问题的4个步骤中的最后一个步骤，即"应答"（如图4.1所示）。这一步是由你询问的人给出答案。

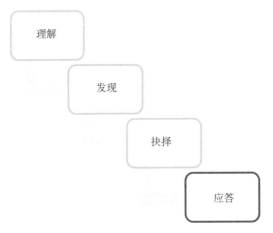

理解

发现

抉择

应答

图4.1
我们正处于回答问题的最后一步

问卷可能会有哪些问题

到目前为止，如果认真完成了各项工作并仔细进行了许多认知访谈，那么创建调查问卷对你来说就会相当容易。

我敢说，创建调查问卷甚至会让人愉悦和享受。经过充分测试的问题被复制到我选择的调查工具中，看起来一切正常。我喜欢这个似乎有些机械的工作。

更让人兴奋的是，调查章鱼的这个触手（"你询问的问题"）并没有任何新的误差。

但不得不承认，我的截图库中有很多在问卷阶段出现问题的示例。图4.2和图4.3是我最喜欢的几个例子。

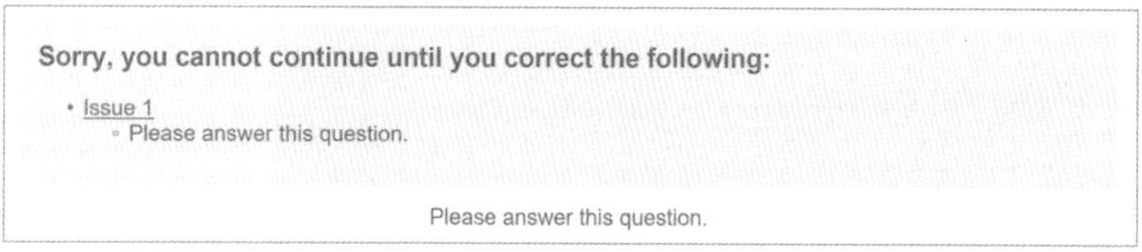

图4.2
忘记设计错误信息

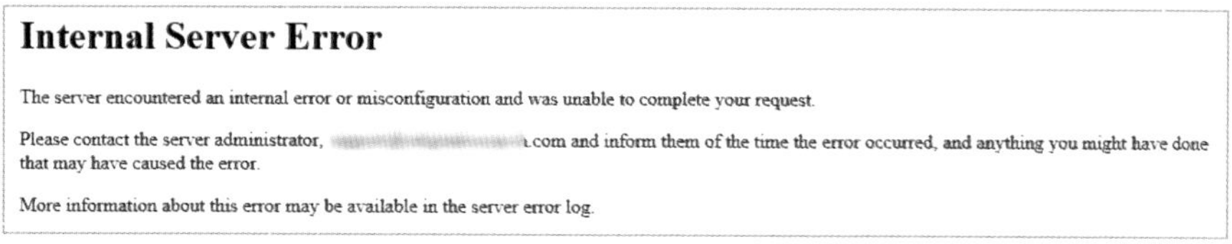

图4.3
问卷页面崩溃

当然，你肯定会测试调查问卷并确保它没有任何愚蠢的技术错误或编译错误。所以让我们继续来创建问卷。

好的问题容易应答

此刻，已经写好了问题。你需要选择让人们以何种方式给出答案。本节将主要围绕应答格式的选择进行说明，包括输入框（对应网络问卷和电子问卷）、填写框（对应纸质问卷）以及与图像有关的一些想法。

使用最简单的应答格式

我在一家连锁酒店发出的调查问卷中找到了图4.4，包含红、紫两种品牌色。它有两类问题：一类是封闭式问题，一类是开放式问题。

> 封闭式问题是指人们必须在提供的选项之间进行选择的问题。
> 开放式问题是指人们按个人喜好任意回答的问题。

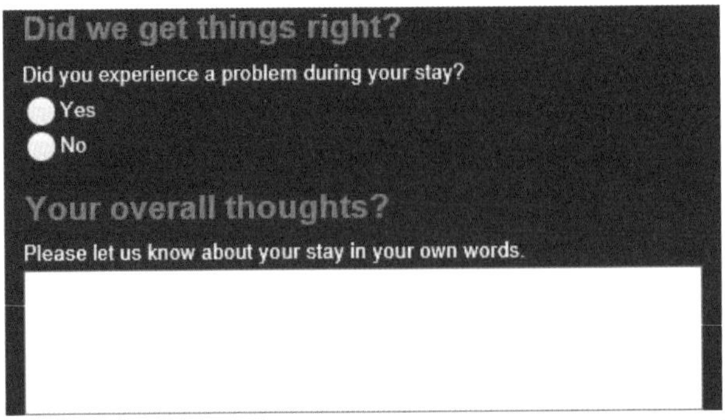

图 4.4
连锁酒店发送的问卷中的两类问题

在此示例中，连锁酒店正确匹配了应答格式和问题。电子问卷（例如本问卷）的封闭式问题有两种简单的格式：

- 单选按钮，回答者只能选择一个选项
- 复选框，回答者可以选择一个或多个选项

（纸质问卷中，无法强制区分单选和复选按钮，因为人们可以随便写）

还有一种开放式问题的格式：

- 开放式文本框，有时也叫文本框或文本域字段。回答者可以在其中输入任何他们喜欢的内容

单选按钮的答案格式有一个近亲叫评分格式。回答者必须从一组选项（例如：从"非常同意"到"非常不同意"）中进行选择。这些格式通常被称为李克特应答格式，它们与李克特量表有密切的关系。尽管它们看上去很熟悉，但也很棘手，所以我把它们放在本章之后的专题聚焦 H："从 1 到 5 的量表：李克特和评定量表）"中进行讨论。

说句题外话，当我第一次看到一些市场研究人员和一些调查工具仍然将单选框称为单孔（single punch），将复选框称为多孔（multi-punch）时，我感到非常困惑：这个术语早在计算机出现之前就出现了，当时答案是通过在打孔卡上打孔来记录的，如图 4.5 所示。

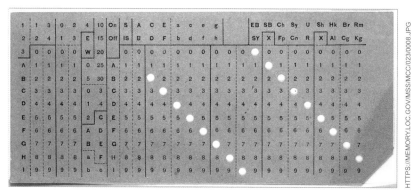

图4.5

一种打孔卡，用于记录在赫尔曼·霍尔瑞斯[1]发明的的电子分类制表机中处理的答案，约1895年

不要使用下拉菜单

对于某些交互类型，我推荐使用下拉菜单（也叫选择框）。我甚至还与米勒（Sarah Allen Miller）合写过一篇文章，标题为"我应该使用下拉菜单吗？"（Allen Miller and Jarrett，2001）。

但现在已经不是2001年了。如今，使用网络的人拥有更丰富的访问需求和数字技能。在看到太多人被复杂的下拉菜单折磨后，我更改了建议，即"烧掉你的选择标签：没有下拉菜单"。详情可以观看巴勒特（Alice Bartlett）的演讲（Bartlett，2014）。

如果不用下拉菜单，应该怎么做呢？以下给出按照工作量升序排列的几个想法。

1.以一组单选按钮的形式提供所有选项

长下拉菜单实际上是隐藏在复杂交互背后的一组单选项。另一方面，如果你提供一长列单选按钮，那么回答者将不得不滚动页面以找到他们需要的选项，但至少滚动动作不会隐藏在一个点击和一个滚动条后面（与页面其他部分的滚动条交互方式不同）。

---

① 译注：Herman Hollerith（1860—1929），德裔美籍统计学家和发明家，基于打孔卡技术发明打孔卡制表机并建了一个同名公司（TMC，IBM的前身之一）。

2. 提供一个文本框，然后清洗数据

支持下拉菜单的论点之一是："我们需要确保获得准确的数据。"这个论点将"准确"等同于"仅限于我们想到的选项集合"。通过强行让回答者从你的列表中选择答案，你把答案映射的工作交给了他们，风险是他们可能放弃或者退出。

如果你提供一个文本框，你就承担了映射工作。如果你的答案列表很好，那么映射工作将会很容易，为什么不试试呢？如果你的答案列表与人们给你的真实世界的答案不匹配，那么事情就会变得更加困难。但是无论如何，你都会迭代调查，所以你有机会在下次调查时改进答案列表。

3. 提供更少的选项

做一个预调查，使用文本框找出最受欢迎的选项。通常，只需几个选项（有时只要三四个）就足以涵盖80%或者更多的答案。然后再做一个预调查，这次提供最受欢迎的选项，并提供一个带文本框的"其他"选项，任何人都可以在其中给出自己的答案。

4. 考虑一个可及的自动完成功能

"自动完成"的想法是：在你向文本框输入文本的时候，建议的内容会出现在该文本框的下方供你选择，而不需要你继续输入。这是许多搜索引擎的标准功能。

我之所以把这一条放在最后来描述，是因为要使自动完成功能具备可及性实在太难了。虽然要开发一种能支持各种访问技术和各种用户的技术并非不可能，但是很困难。我个人完全不确定你是否可以让用户先看着键盘打字，然后而他们输入的内容当做一个独立的东西来看待。但是，我愿意相信这是可能的，尤其是英国政府数字服务已经在他们的网页设计系统中提供了自动完成功能并测试了该功能的可及性。

鉴于大多数调查工具的可及性较差，选择具备可及性的自动完成功能可能也意味着你需要自己动手创建调查工具。

封闭式问题可能会起到意想不到的作用

我们先来进行一个快速的思想实验，了解一下几位调查方法学家的工作(Schwarz，Hippler et al.，1985)。他们询问德国公民每天会看几个小时的电视。

针对这个问题，随机选择的一半人看到以下答案：

- 0.5小时以下
- 0.5 ～ 1小时
- 1 ～ 1.5小时
- 1.5 ～ 2小时
- 2 ～ 2.5小时
- 超过2.5小时

尝试一下，你会选择什么答案?

我的答案是2 ～ 2.5小时。因为我知道，大多数时间我喜欢从晚上8点左右看电视看到晚上10点。

以下是68个回答该问题的人的答案（表 4.1）。我为"0 ～ 2.5小时"和"2.5小时以上"增加了2个总结框，我们稍后再来看这两个框。

我们来对比一下其他小组的结果，他们看到的是不同的答案：

- 0 ～ 2.5小时
- 2.5 ～ 3小时
- 3 ～ 3.5小时
- 3.5 ～ 4小时
- 4 ～ 4.5小时
- 超过4.5小时

表4.1 低小时数类型

看电视的小时数	选择该答案的次数	0 ~ 2.5小时	2.5小时以上
0 ~ 0.5小时	5	5+12+18+10+12	
0.5 ~ 1小时	12	= 57	
1 ~ 1.5小时	18		
1.5 ~ 2小时	10		
2 ~ 2.5小时	12		
超过2.5小时	11		11
总计	68	57	11
	100%	84%	16%

你之前选过答案吗？如果没有，现在试着选一下。

对于匹配组，我们应该在表4.2中看到大致相同的结果。

表4.2 高小时数类型

看电视的小时数	选择该答案的次数	0 ~ 2.5小时	2.5小时以上
0 ~ 2.5小时	40	40	
2.5 ~ 3小时	15		15+ 5+3 + 1 + 0 =34
3 ~ 3.5小时	5		
3.5 ~ 4小时	3		
4 ~ 4.5小时	1		
超过4.5小时	0		
总计	64	40	34
	100%	63%	34%

但是，我们没有看到类似的结果。对于表4.1中的低小时数类型，有84%的人观看了长达2.5小时的电视；当答案的小时数增加时，这一比例下降到63%。

当这些受访者看到包含更多小时数的类别时，是什么诱使他们报告更高的观看比例？

我们需要转向第3章"问题"中提到的"近似的遗忘曲线"。还记得吗？我知道，我是问你是否记得遗忘曲线——我忍不住提到这点，抱歉。

对我们中的许多人来说，看电视是一件不起眼的重复事件，因此我们不会长久记住。所以，创建答案的思考过程可能是这样的：

1. 查看一组已有答案
2. 假设答案涵盖典型范围
3. 参考平均值，将自己评价为低频观看者、平均水平观看者，或高频观看者，如图4.6所示
4. 选择看上去与你的自我评较一致的答案

这看起来像是一个范围问题，但实际是一个评价问题。事实证明，这就是很多人解决此类问题的方式。我们刚刚看到的实验是从1985年开始的，但此后被多次复制（例如，学生报告自己的学习时间，或者人们报告自己每周感受到轻微的医学症状的次数）。

该怎么办？你有如下几种选择：

1. 改用一个开放式文本框，这样你就会得到一个自发的答案
2. 进行认知访谈（如第3章所述），以了解人们对特定问题实际使用的策略，然后选择相应的应答类型
3. 通过其他方法找出真正的答案范围（再次回到第2章中出现的"三角验证"），并确保封闭式问题中的答案类型，确实反应了中间的"大致平均"和两端的范围

图 4.6
你看电视的时间有多长?

仔细设计开放式文本框

我刚刚如此建议:使用开放式文本框可能比范围问题获得更好的结果。与其他应答类型一样,开放式文本框也有一些小方法。下面我们来详细了解一下。

开放式文本框可以得到令人惊讶的答案

开放式问题可以得到比"选择一个答案"更准确的答案,对我来说这似乎很违反直觉。所以我急切地想要尝试一下。我的第一个机会来自对可用性专业人士的调查，了解他们是否想要一个认证体系。

我们最关键的一个问题是："你为获得认证支付的最高费用是多少（以美元计）？"在调查初稿中，我们计划提供以下答案：

- 少于100
- 100 ~ 299
- 300 ~ 499
- 500 ~ 1 000
- 超过1 000
- 我不会支付任何费用

我成功说服了同事们尝试用一个开放式问题来替换上述选项——尽管他们对我的做法很敏感。

大多数人确实应答了一个落在预先设想的范围内的数字，但是有各种各样的其他答案。我们得到的最高金额是20 000美元。此外还有其他意想不到的答案，例如"我希望我的雇主支付费用"或"2美分"。（我的美国同事向我解释说，"2美分"是一种侮辱性的回答。）

现在，当我想要获得一个问题的数字答案时，会从一个开放式问题开始。我会对问卷进行足够的迭代，以确保几乎所有回答者都可以用一个简单的数字进行应答，并确保提供了完整的数值范围。然后，我会考虑测试问卷的回答者是否觉得输入过于繁琐。如果是这样，我将切换到范围模式。

有一个小例外。如果问题是用来识别回答者的某些信息，例如年龄，那么我会仔细评估是否可以通过提供一个范围来更好地保护他们的隐私。但即使是年龄信息，我也倾向于使用开放式文本框，因为大多数人可以直接输入他们想告诉我的年龄，这比选择一个范围更容易一些。

开放式文本框可以避免类别误差所导致的退出

如果某人想要给出的答案与你提供的选项不匹配，那么就说明你遇到了类别误差。这是问卷中最常见的问题之一。

> **类型误差**是指你提供的应答项中没有对回答者有用的选项。类型误差是一种测量误差。

类型误差会产生令人不快的选择：

- 跳过问题（会丢失数据）
- 错误回答（更糟糕的是，现在有一个测量误差）
- 退出问卷（最坏的是，失去从回答者那里收集更多数据的机会）

根据定义，开放式文本框避免了类型误差。但如果你想保留封闭式问题，可以通过提供一个附加了文本框的额外选项来实现，如图4.7中的问题。

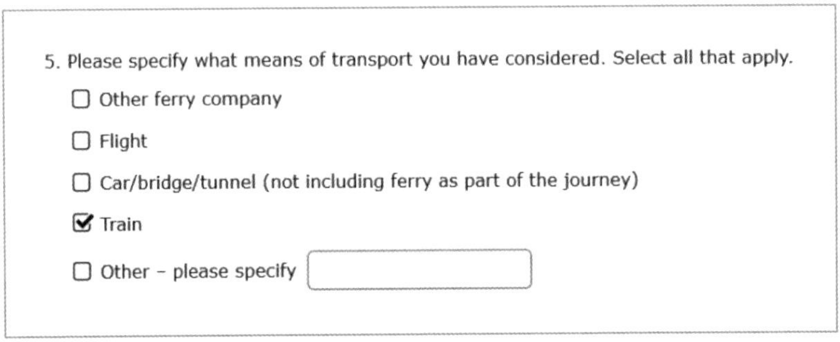
5. Please specify what means of transport you have considered. Select all that apply.

- [ ] Other ferry company
- [ ] Flight
- [ ] Car/bridge/tunnel (not including ferry as part of the journey)
- [x] Train
- [ ] Other – please specify

图4.7

来自渡轮公司的题目，其中Other（其他）选项的文本框中可以填写其他交通方式，例如步行

为方便起见，我通常将这个额外选项称为“其他”选项，但并不总是在问卷中使用“其他”这个词，因为在某些敏感语境中，回答者可能会因为被描述为“其他”而感到被疏远。可以尝试下面这些词：

- “别的东西”
- “用你自己的话来说”
- “你倾向的答案”
- “另一个答案”

如果没有人选择“其他”选项，你并不会失去任何东西（除了编程的一小段时间）。

通常，回答者对"其他"选择的应答是最有趣的，因为它们挑战了你对回答者的假设。

如果使用开放式文本框，请选择合适的大小

为开放式问题提供的文本框大小表明了你期望的答案长度。在图4.8中，文本框很小，看上去像是在要求一个简短的答案。而在图4.9中，更大的文本框看起来像是要求被试提供一个更长的答案。

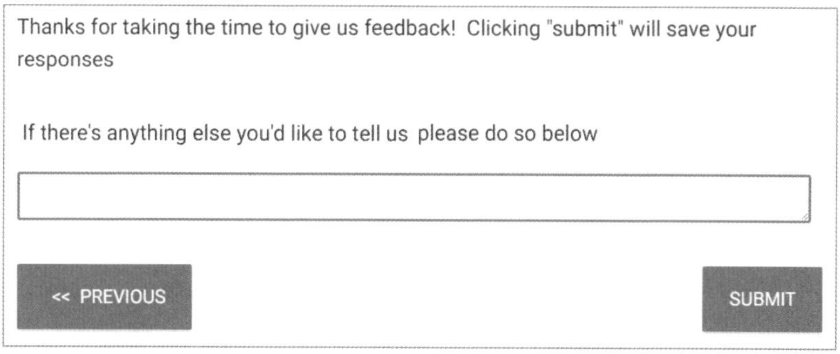

图4.8
该问卷提供了一个小文本框来收集答案，适合简短的答案

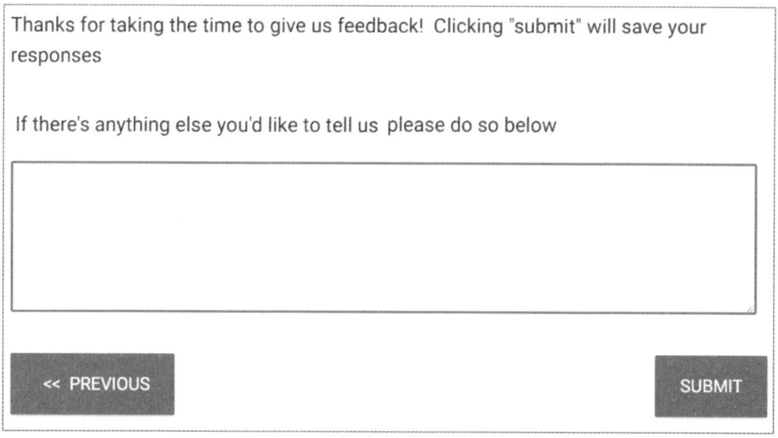

图4.9
更大的文本框要求更长的答案

开放式文本框可能令人望而生畏

但是，就像我们在调查中经常遇到的一样，当你把自己从调查章鱼（这次是"你提出的问题"）的一条触手中拉出时，你最终会陷入另一条触手（这次是"做出应答的人"），如图4.10所示。

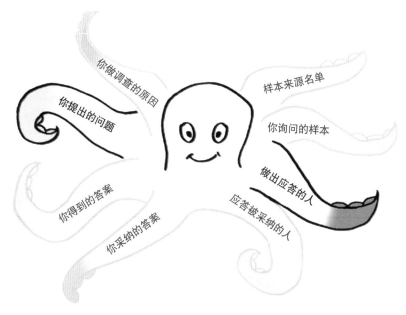

图4.10

"你提出问的问题"处于"做出应答的人"的反面

带有较大文本框的开放式问题意味着回答者感知到的付出更多，这也意味着你可能会得到更少的应答数。这是一个平衡问题：更长，这通常意味着答案更有趣但应答数更少。或者选择更短的答案但是应答数更多？只有迭代会告诉你，哪个更适合你。

即使是最简单的答案类型，也要小心

图4.11的示例中包含两种最简单的答案类型的：一个开放式文本框和一对单选按钮。

What did you like most about your visit to ~~...~~?

Is there anything that we could have done better to improve your experience?

● Yes
● No

Back   Next

图 4.11
本屏幕快照中包含两种最简单的答案类型：文本框和单项选择（并展示了即使是最简单的问题类型也会被搞砸）。

你发现这张屏幕快照有什么问题了吗？

我注意到下面几个问题：

- 第一个问题假设我喜欢我曾经去过的某地。如果我讨厌它的每个方面怎么办？
- 第二个问题的措辞令人十分尴尬："在提升体验方面，有没有哪些事情我们可以做得更好？"是一个需要思考的复杂概念。什么叫"哪些事情我们可以做得更好？"
- 两个答案选项是"是"和"否"。如果我的回答是"不知道"或者"可能"，那么我就没得选了
- 问卷使用了自定义样式的单选按钮。虽然我还没有选择答案，但它用实心圆点显示两个答案选项，如图4.12的放大图所示

图 4.12
两个答案选项都有实心圆点（打破惯例）

为问题选择最简单的样式

你希望回答者专注于思考如何应答，而不是担心如何在问卷上填写答案最简单的样式可以帮助他们做到这一点。

例如：对于单选按钮来说，最简单的样式是在每个选项旁边都有一个空心圆环，如图4.13所示。当你选择它时，所选圆环的中心会变暗，如图4.14所示。

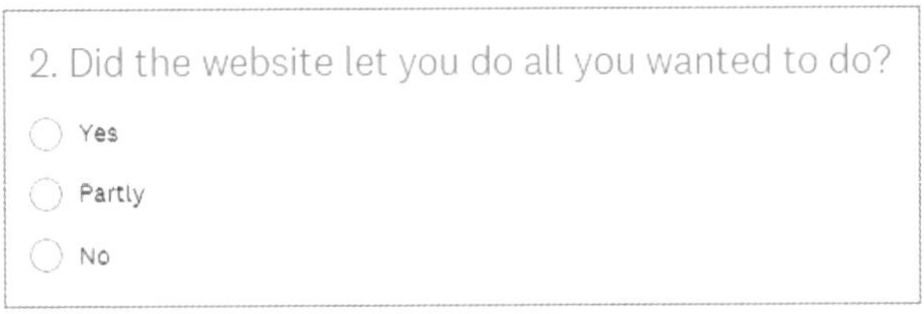

> 2. Did the website let you do all you wanted to do?
> ○ Yes
> ○ Partly
> ○ No

图4.13
通常的单选按钮在答案选项旁边，未选择状态下是一个空心圆环

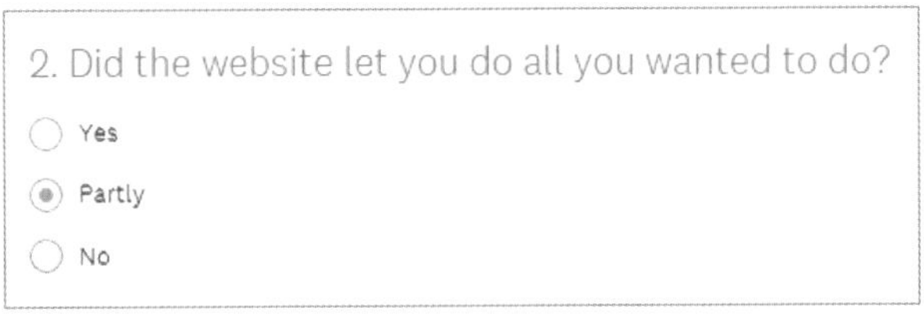

> 2. Did the website let you do all you wanted to do?
> ○ Yes
> ◉ Partly
> ○ No

图4.14
当你选择一个答案（"Partly"）时，圆环的中心部分会变成较深的颜色

如果你认为"天哪，这个建议太明显了（何必提它呢？）"，那么我同意你的看法。或者准确地说，在我开始浏览我的问卷截图库之前，我确实同意你的看法。我开始注意到各种"时髦"的变体（比如我之前提到的实心点）。

现在，我猜想你是一个精通网络的人。如果你不是特别注意样式变化，那么可能几乎不会注意到它们。如果回答者没有注意到，那么就不会有任何伤害（但也没有任何好处）。如果这个人确实注意到了，那么最好的情况是在回答者专注问题时造成一点分心，但最坏的情况是回答者会陷入困惑。你可能会失去他们，或者他们的回答可能会不准确。

你觉得我夸张吗？对这个问题来说，或许如此。但我也遇到过帮助亲戚解决类似问题的情况。我记得特别清楚：我有一位家庭成员被困在一张重要的表格上，非常痛苦，因为他无法在电脑的任何地方找到对勾符号，孰不知点击方框就能够解决问题。

尽管如此,调查工具的创造者们似乎都在致力于在交互设计上做一些奇怪的事情。以下是我从知名的调查工具中收集到的两个非标准交互设计。在图4.15中,调查工具将单选按钮的样式设计为按字母顺序标记的方形复选框。

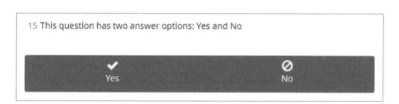

图4.15
某个调查工具提供的单选按钮的样式,带有按字母顺序标记的复选框

在图4.16 中,调查工具提供的是/否选项的样式是一个连续的绿色长条。其中,"是"用对勾图标表示,"否"用"禁止"图标表示。

图4.16
某个调查工具为是否题提供的这种奇怪的设计

我没有指出哪些工具做了这些奇怪的事情,因为当你读到这篇文章时,它们可能会发生变化。我相信这些怪异的交互设计可能出于好意,设计者可能是像下面这样想的:

- 标签A、B、C提供了便于快速操作的快捷键(前提是你意识到可以通过键入A来选择A选项)
- 绿色的"是"和"否"创造了场景变化,并在重复的问卷中添加了一些可能有趣的图标

但是,它们都是不常见的,并且可能令人困惑。为什么要对想回答的人这样做?为什么要制造片刻犹豫呢?相反地,我们应当遵循表4.3中的建议。

表 4.3　人们想要给出的答案会引导你选择不同的应答类型

如果回答者想要给出……	那么应当选择……
一个答案，并且只有一个答案	单选按钮
多个选择中的一项或多项	复选框
不确定的结果，或其他任何结果	开放式文本框

避免使用花哨的交互控件

如果你注册一个互联网调查样本库，会发现自己将看到各种花哨的
问题类型：

- 滑块
- 地图
- 拖放
- 以及其他很多类型

它们让冗长乏味的市场调查问卷变得不再单调，并受到样本库参加
者的欢迎。既然如此，为什么要远离这些交互控件呢？

很难设计一个非常简单的交互

花哨的问题类型在许多细节方面很难做得很好。例如，一位交互设
计师说："我设计了一个新的滑块，人们很喜欢用。"就这样，我们
全都忍不住想要加入滑块。

乍一看，滑块可能很不错。但事实真的如此吗？无论回答者选择
哪种设备，它都能正常工作吗？无论选择哪种浏览器都能正常工
作吗？如果回答者放大文本或者使用屏幕阅读器会怎样呢？如果
他们碰巧以前从未用过滑块怎么办？他们知道如何使用这个滑
块吗？

即使滑块在理论上工作得很好，也可能存在难以察觉的细节，使其
不适合用于回答调查问题。例如：图4.17中的两个数字（1和10）不

在滑尺的末端，你可以选择其中一个吗？滑块的初始位置在1上面吗？在5上面吗？如果是这样，你如何区分"1"或"5"是真实的应答还是无应答？此外，人们可能会认为"5"是中点，但事实并非如此（中点在5和6之间），这种情况如何处理？

图4.17
使用滑块代替单选按钮的问卷，其中包含一些细节方面的问题

花哨的交互控件大多数都是由调查工具厂商创造的，用来解决一个你不会遇到的问题：冗长乏味的问卷带来的挑战，而你的解决方案是通过创建简短有趣的问卷来解决它。

精心挑选图片

装饰性图片可以使调查问卷更有吸引力。信息丰富的图片有助于传达问题所含的概念，但图片也会影响答案。下面我们来更详细地了解一下。

装饰可以是信息丰富的，或者令人愉快的

调查问卷是你所在组织与回答者进行的整体对话的一部分。如果组织的品牌是值得信赖的，那么在问卷中显示该品牌可以增加用户的信任感，由此增加问卷的应答率。例如，图4.18英国政府数字、文化、媒体和体育部的问卷设计。

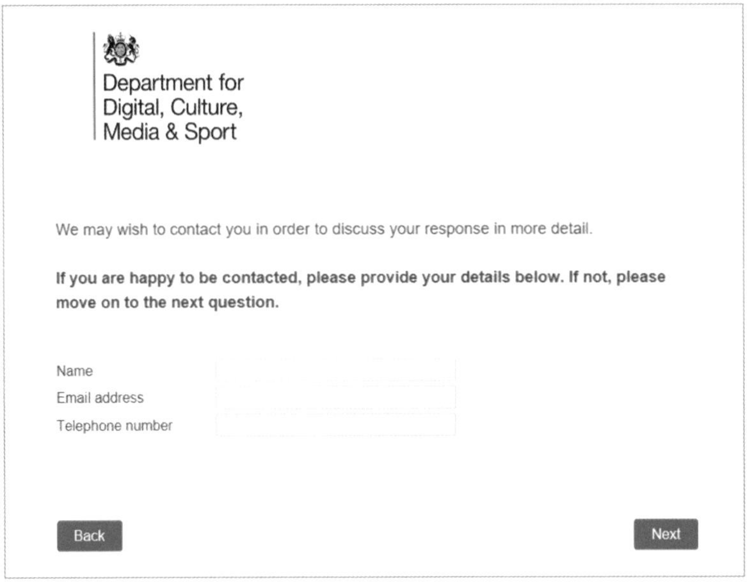

图 4.18
英国政府数字、文化、媒体和体育部在这份问卷的每一页上都放上了自己的标志，以表明自己是这项调查的资助方

如果你的典型品牌风格是奇特的、独特的或者装饰性的，那么可以考虑是否要将其延续到问卷中。如果问卷过于中立，是否会显得格有些怪呢？

2016年，谷歌和AIGA（设计专业协会）合作开展了一项名为designcensus.org的调查：

> "我们的目标是越过薪酬讨论来收集那些能够为设计界赋能的信息，助力其掌控职业发展以及通过洞察获得更大的幸福感。"(designcensus.org)

问卷具有非常独特的品牌策略和交互风格，如图4.19所示。

问卷收到的应答一共超过9500个。很难说这些应答有多少代表性，但可以通过访问网页https://github.com/AIGAGitHub/DesignCensus2016自行探索大部分数据并做出自己的判断。

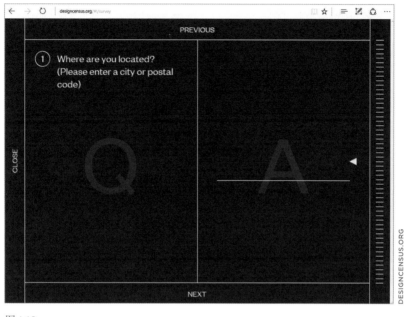

图 4.19
一份针对设计师的问卷调查，具有不寻常的交互设计和品牌策略

我第一次了解到这个调查是因为 @robweychert 的推文（图 4.20）出现在了我的时间线中。他的推文中显示了一个调查问题："54：用两三个词来总结设计的未来。"他给出的答案是"别自以为是。"

虽然 Designcensus.org 明显引起了一些受访者的强烈反应，但是当我查看数据集时，我有了下面几个发现：

- 一共有 9596 个应答。
- 6902 个人回答了问题 54
- 其中 1334 个人答案是一个两三词短语（例如我们在图 4.20 中看到的"不要""自以为是"），而不是三个单独的词（例如，"有用的""实用的""有价值的"）
- 只有 342 个三词短语有些消极（例如，"为了""工资""奋斗"）
- 只有 25 个否定的三词短语（如推文中的那个）是对问题 54 的措辞、AIGA 或调查本身的看法

图 4.20

一位设计师对 Designcensus.org 2016 调查的负面应答

没有人对不寻常的交互设计和品牌策略提出直接抱怨。这可能是由于不应答误差造成的：或许讨厌这种品牌策略的人早早就放弃了，而不是等到最后才抱怨。但我倾向于相信，对于这群来自定义人群的回答者来说，设计成功地实现了它的目标。毫无疑问，第二年的设计普查使用了相同的设计，发布的数据集中包含 13 159 个应答。

如果不能诚实表明身份，至少保持中立

就像我们在调查中经常遇到的一样，诚实表明身份并不像口头上说一句"总是把你的标志放在问卷上"那么简单。人们可能愿意向第三方透露自己的信息，而不愿意告诉你的组织（或者不愿意在这种情境下告知）。许多组织，尤其是众所周知品牌，会让市场研究公司匿名进行一些研究。"一家摩托车厂商赞助了这项研究"与"这份问卷来自哈雷戴维森"相比，可能会得到不同的反应。

卡内基梅隆大学有个团队进行的一项实验清楚地揭示了这种效应

(John，Acquisti et al.，2011)。他们的问卷要求人们披露敏感行为（例如：向朋友谎报自己的收入）或者非法行为（例如：尝试可卡因)。三分之一的人收到的问卷上有“你有多坏？”标志，并使用非正规字体，如图4.21所示；三分之一的人收到的问卷上有卡内基梅隆大学的标志，并使用正规字体，如图4.22所示；最后三分之一的人得到一份中性的调查问卷，没有任何标志，只有普通字体。

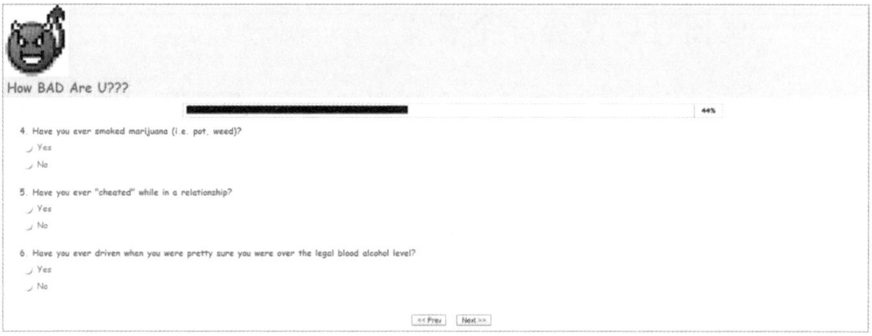

（感谢LESLIE JOHN）

图4.21
“你有多坏？？？”风格的问卷

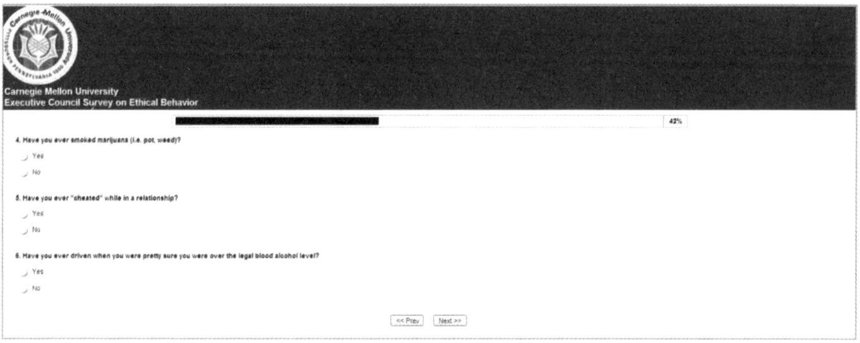

（感谢LESLIE JOHN）

图4.22
卡内基梅隆大学风格的问卷

尽管回答者可能应该警惕在没有安全标志或信任标志的可疑问卷中披露个人信息，但事实上，“你有多坏？？？”问卷比正式版本引发了更多的不诚实行为。

对于大学研究人员来说，使用暗箱模式（比如假装进行的是一个流行测验）是可以接受的，因为他们仔细考虑了研究伦理并确保了要销毁所有的应答数据。你的组织隐藏自己的身份是绝对不行的，而且这在某些国家是非法的。

如果你的最关键问题意味着你需要就某个主题提出问题，例如对银行品牌的态度，但又不透露你是谁（"最讨厌银行"），那么最好请一家市场研究机构适当地使用他们的中性品牌进行你的研究。

一张图可以改变一个答案

在另一个著名的实验中，库柏（Mick Couper）、康拉德（Fred Conrad）和图兰吉奥（Roger Tourangeau）（Couper，Conrad et al., 2007）在问卷中使用了一张图片，图中有个看起来健康的、正在慢跑的女性或者有个穿着医院病号服躺在病床上的女性。让经过仔细匹配的样本人群评估他们的健康状况。其中一组人看女性户外跑步照片，另一组人看女性躺在病床上的照片，如图4.23所示。与病床照片组相比，户外跑步组的健康状况神奇地得到了改善。

图 4.23
一张图可以改变一个答案

正如研究人员在他们对图像的讨论中所说的那样：

> "当展示一对夫妇在高级餐厅用餐的照片时，受访者报告的过去一个月平均外出就餐次数明显低于看到高频行为实例（在车上吃快餐）时的次数。同样，看到杂货店购物图片的受访者在过去一个月中的购物次数要多于看到了买衣服图片的受访者。"（Couper，Conrad et al., 2007）

刻板印象可能会让人疏远

我还见过太多像图4.24中的图像那样"聪明"的用法。图中的形象高度刻板化，要求人们在一个短发打领带的"男性"和另一个长发不打领带的"女性"之间做出选择（两者的皮肤都是苍白的）。我有一个同事是性别流动者，他的穿着与左边的形象完全一致，但自认为既不是男性也不是女性；另一个同事的穿着与右边的形象完全一致，但自认为是男性。还有那些在任何一种形象中都无法找到自己肤色的人，他们该怎么办呢？

图4.24

这个问题要求选择一种刻板印象

当我写下上面这段话时，并不知道自己是否夸大了这个问题。就在同一天，BBC新闻报道称，英国地方政府下属的埃塞克斯郡议会在尝试使用图像出错后不得不道歉并撤回调卷问卷。图4.25中有一个屏幕快照。

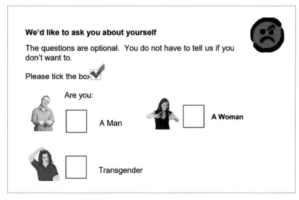

（感谢WWW.BBC.CO.UK/NEWS/UK-ENGLAND-ESSEX-47064138）

图4.25

调查问卷中的图片使英国某政府机构感到尴尬

对于议会来说尤其不幸，因为这些图片来自专门为帮助阅读困难者设计的问卷。图4.26中的标准版有一个尊重性别差异的纯文字版本。

Q30. What is your gender?

○ Male
○ Female
○ Prefer not to say
○ Prefer to use my own term

[   ]

Q31. Does your gender identity match your sex as registered at birth?

○ Yes
○ No
○ Prefer not to say

图 4.26
关于性别问题的纯文字版本

如果问题与图像有关，则使用图像

如果调查的是人们对图像的感受，那么当然要在调查问卷中包括图像。我回答了基士顿（Cath Kidston，该品牌以小碎花图案闻名）的一份问卷，其中有一些问题是询问我对一些提议方案的看法。如你所见，我特别喜欢图4.27中的那个。

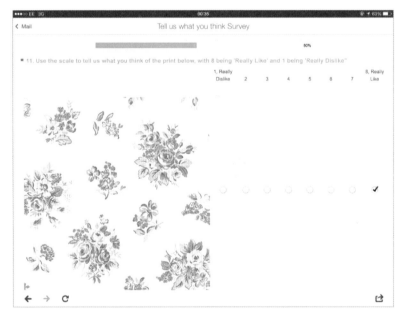

图 4.27
展示图像是获得对该图像之反应的妙方

这个印花（Highgate Rose）确实已经投入生产。在我完成问卷大约一年后，我在图4.28的茶壶上发现了它。

图 4.28
Highgate Rose 茶壶

一般规则：如果调查的目的是获得对图像的反应，则使用该图像。如果出于任何其他原因考虑在问卷中使用图像，那么你应该知道，图像的存在会对答案产生影响，这种影响可能并不是你想要的。

考虑问题的顺序

如果已经设法完成了一份轻触式调查，那么就不必太担心问题顺序，因为结果很明显。

如果调查问卷偏向于巨无霸调查，那么你可能会有很多问题，它们需要一些组织。

按来源组织问题的"汇编"问卷

组织问题的一种方法是将多个问卷"汇编"在一起，这是一种巨无霸调查。其中，不同的组织提供不同的单个问卷，以便将实地调查的成本分摊到所有组织中。

汇编式风格也被荷兰的LISS（Longitudinal Internet studies for the Social Sciences）等基于概率的样本库运营商使用。样本库参与者每隔一段时间就会收到一份问卷（被LISS称为"波"）。社会学研究人员可以请求将他们的问题包含在一个或者多个波中。在一个典型的波中，回答者会得到大约五个不同的主题。

主题的范围很广。我之前看到过从"吃零食的原因"到"复仇心理学"等很多内容。它还为研究人员提供了探索当前热点问题的机会，例如与2020年的Covid-19相关的主题，如图4.29所示。

202 Family Survey Dutch Population (FSDP)

203 How primary schools perform

206 Effects of the Outbreak of Covid-19

208 Victims in Modern Society

210 Questionnaire on the corona virus in the LISS panel

图4.29
在2020年的LISS样本库问卷中出现的一些主题

(感谢WWW.DATAARCHIVE.LISSDATA.NL/STUDY_UNITS/VIEW/1)

我并不完全推荐"按照相关组织提供的主题进行排序"。但它表明，回答者对于主题间奇怪的跳跃具有相当大的容忍度。

从简单、非侵入性的话题开始

一种更传统的方法（而且可能不会让回答者感到不安）是从简单的主题开始，然后再进入更详细或更个性化的主题。

迪尔曼（Don Dillman）是一位有影响力的调查方法学家。他的同事向他提供了下面的问题列表，希望得到他的建议。

- 2009年你的家庭总收入是多少？
- 你喜欢打高尔夫球吗？
- 你对全球变暖有何看法？
- 你结婚了吗？

- 哪个政党在促进经济增长方面做得最好?
- 去年你打过多少次保龄球?
- 你支持哪个政党?
- 作为减少环境污染的措施,你赞成还是反对提高燃料税?
- 你的职业是什么?
- 请描述你最喜欢的娱乐活动
- 你多大了?

　　—(Dillman, Smyth et al., 2009)

我觉得如果分成3个主题,效果可能会更好(你可能会以不同的方式看待它们)

娱乐活动:

- 你喜欢打高尔夫球吗?
- 去年你打过多少次保龄球?
- 请描述你最喜欢的娱乐活动

政治和气候:

- 哪个政党在促进经济增长方面做得最好?
- 你支持哪个政党?
- 你对全球变暖有何看法?
- 作为减少环境污染的措施,你赞成还是反对提高燃料税?

人口统计:

- 你结婚了吗?
- 你多大了?
- 你的职业是什么?
- 2009年你的家庭总收入是多少?

如果我不能说服我的同事将这些话题分成两份甚至三份问卷,我可能会从最不复杂的娱乐活动开始,然后是政治和气候话题,并以最具侵入性的问题结束。

尝试从有趣的问题开始

与许多问卷相反，我建议将反映样本代表性的问题放在最后。大多数问卷通常以"简单的问题"开始，例如年龄和地点。但是，人们在对你的问卷建立起一定的信任之前是不愿意给出这样的个人信息的。而且正如我在第2章指出的那样，有更好的问题来考虑代表性。

很明显，更好的选择是从紧急问题开始。毕竟，这是人们最想告诉你的，所以应该会引起他们的注意。

这里的风险是：一旦人们完成了他们最感兴趣的部分，就有可能退出问卷。但令我惊讶的是，常常会有一种"问题推动力"，让他们继续前进，即已经开始问卷的人也有可能完成问卷。

另一种选择是从你的最关键问题开始，但仔细考虑它是否会被视为无礼的或者侵入性的。多年前，当我参加市场研究员莫伊（Corinne Moy）带领的一个工作坊时，从她那里听到过一个惊人的例子。一位政府客户想要调查人们是否会在假期进行无保护性行为。他们的问卷使用了电话访谈，如图4.30所示。

在这个例子中，莫伊和她的团队构建了一份问卷，从关于假期的一般问题开始，然后转向棘手的问题。

你最关键的问题会让人们感到惊讶吗？或者人们喜欢它是由于问卷很快就进入到有趣的话题？

我不知道，在测试之前你也没法知道。

图4.30
在问卷的开头，关于性的问题可能会令人感到吃惊

不要筛掉受访者

看到我建议将人口学问题放在最后（如果有这样的题目），你可能会感到有些惊讶。

在全是巨无霸调查的日子里，访谈员要填写配额是很正常的。比如：特定数量的50岁以上的女性，或者堪萨斯城的居民，或者最近购买洗衣粉的人。典型的访谈开始于一些"筛选"问题，用来确定回答者属于哪个组。如果名额已满，那么他们将被"筛掉"，这意味着访谈结束了，如图4.31所示。

Unfortunately, on this occasion you are not eligible to take part in this interview.
However, thank you very much for your time and interest today.

图 4.31
来自调查问卷的不可接受的错误消息：没有激励

如果你提供了可观的激励（我们将在第 5 章中更详细地探讨这个主题），那么你可能需要限制每组回答的人数，这样就不需要只对部分样本进行激励了。

但是，如果你让人们回答问题纯粹只是为了获得收集意见的乐趣，那么"将他们排除在外"就没有什么借口了。你可能会从某些类型的人那里得到过多的答案，但这是一个大问题，你可以在数据清洗时很容易地解决这个问题（我们将在第 6 章"应答"中讨论这个主题）。如果你担心人们付出很多精力提供的答案可能会用不到，可以考虑给人们提供一个需要回答的问题。并且，这个问题易于分析，不会给你增加过多的工作量。不要拒绝受访者回答本问卷，否则会降低他们参与未来调查的意愿。

以表示感谢来结束问卷

始终以感谢来结束问卷。在纸质问卷中，结尾处一句简单的"谢谢"就足够了。

如果选择使用电子产品，对付出努力的受访者来说，他们需要知道答案已经被传输到接收它们的计算机上。你可以提供一个页面，包含让受访者安心的信息，并告诉他们这样的付出是值得的。

你还可以选择提供某种后续服务，例如提供详细的联系方式、让受访者登记信息以便接收调查结果，以及其他能反映你的组织对调查结果的处理方式的信息。

如果你的组织销售实物产品，那么向受访者提供购买你的产品的机会（例如将它们发送到你的主页）可能会非常诱人。但是，请仔细考虑这样做是否与你之前计划如何使用答案的信息相矛盾。如果看起来你只是想引诱人们买东西，这可不是一个好主意。

还有一种情况令我感到头疼（不知道是不是只有我有这种情况），即：这些组织在结束了"我们做得怎么样"的问卷后，又邀请我在他们的评价系统上重新做一遍整个事情。例如将我跳转到Tripadvisor的页面，如图4.32所示。

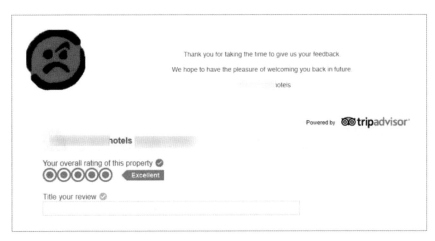

图 4.32
这份问卷最后将我跳转到 Tripadvisor 页面

避免使用介绍页

如果感谢页是必不可少的，那么介绍页也是同样重要的吗？有些"匹配"的意思。

完全不是。我已经花了数百乃至数千小时的时间来测试表格和问卷。在这些过程中，我观察到一个接一个的参与者跳过介绍直接回答问题。这种行为如此常见，以至于当有人真的停下来阅读介绍内容时，我会感到更加惊讶。

如果你确实觉得问卷需要某种形式的介绍信息，那么最好将其包含在问题开始的页面上。大多数人不会阅读介绍信息，但这样至少省去了进入另一个页面的麻烦。

如果出于道德委员会的批准、公司政策，或者干系人的要求，你必须要有一个介绍页面，那么尽量使其保持简短，并希望你在测试过程中尽量迭代它。

没有"必答题"

问卷中没有必答题。它们永远都是选答题。

是不是有点过于简单了？

好吧，我们来看一个对事件进行评价的例子（图4.33）。

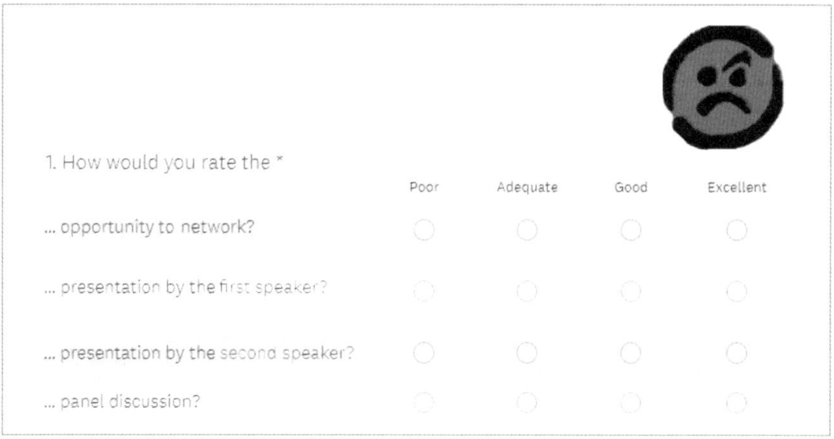

图 4.33
活动结束后问卷中的问题

对我来说，星号毁掉了这个调查。作为一个精通网络的人，我注意到这个星号，并将其解释为"你必须回答这个问题"。我不得不在"样本库讨论"之前离开。我该怎么评价呢？我面临着为那部分问题提供虚假数据，或者放弃调查的选择，这也意味着组织者丢失了数据。

如果坚持保留必答题，那么就需要确信特定问题的价值足够高，以至于可以接受下列结果：

- 失去一些尝试进行回答的人
- 从他人那里获取一些误导性数据

你可能会想："为什么不增加一个'不知道'或者'不适用'的选项并保留必答题呢？"很显然，这是可能的，但困难在于你要为问卷增加额外的阅读时间和额外的付出。也许你认为额外的付出是合理的，但正是这些点点滴滴的额外，使得本可以回答问题的人中断回答，同时你也失去了他们的应答。再次回到调查章鱼的触手：我们正在考虑问题触手中的某些内容，它可能会影响样本触手中发生的事情。

这就是为什么和来自被定义人群的人一起测试问题对你来说非常重要。为了发现诸如"不知道"和"不适用"之类的小细节是否重要，测试是一种可行的方法。更重要的是，测试可以确保你的每个问题都是与回答者相关的，并且都是他们想要回答的。这样当你创建问卷时，就不需要告诉回答者哪些问题是"必答的。"

如果回答者确实不小心错过了一个问题，别对他们唠叨。如果参与问卷调查是可选的（我假设你没有在做法律要求事情），那么每个问题也是可选的。如果人们跳过一个问题，礼貌地警告他们是可以接受的，同时再给他们一个机会来完成它。但如果他们不想回答，那就接受他们的决定，让他们继续下一题。

测试调查问卷

回想一下我在本章开始时提到的：调查问卷可能出现的主要问题是你忘了对它进行测试。还记得吗？

当你在调查工具中来回检查，确保一切正常，并且所有东西都放在了正确的位置后，你很容易相信自己已经亲自完成了测试。对不起，这是错误的。

问卷，就像对你很重要的其他文件或作品一样，当你处理它们时，不知怎么的某些排版错误和其他烦人的错误就会出现。你需要的是让别人来帮助你。

测试调查问卷，确保它完全正常

为了测试问卷以确保它完全正常（"机械测试"），你需要寻求有挑剔心态的独立人士的帮助。

请那个人从两方面测试你的问卷：一方面是从尽可能诚实的人的角度来看问卷内容，另一方面是尝试每一个选项，看看它们是否会出错。测试可能会揭示图4.34所示的问题，其中问卷显示在一个小弹出框里。

图4.34
这个问卷选择了一个小弹出框（可能适合移动设备，但不太适合台式机）

如果选择了网络调查问卷，请那个人使用一系列浏览器进行测试。

确保测试的浏览器中包括了你选择的人群可能使用的浏览器，尤其是附近最大的计算机和移动设备制造商提供的当前默认浏览器。

我买了一台便宜的笔记本电脑，纯粹是为了测试。在设置过程中，我接受了所有可能的默认选项。我自己永远不会选那个浏览器和搜索引擎的组合，但是有些人可能不知道如何选择其他选项。

这里有一个问卷出错的例子。我错误地在我的英语浏览器中测试了一个针对阿拉伯语使用者的问卷，如图4.35所示。我以为问卷中的英文文本出现了问题，但实际上阿拉伯语版本运行得很好。

（感谢 Haman AL-MURQATEN）

图4.35
左边是阿拉伯语问卷/英语浏览器。右边是阿拉伯语问卷/阿拉伯语浏览器

考虑另一轮认知访谈

在第3章的结尾，我曾建议通过认知访谈考察你的问题是否适合你想要的回答者。如果你在创建问卷时更改了问题的措辞，那么现在正适合再做一轮认知访谈。

进行可用性测试——这是必不可少的

在认知访谈中，要求回答者关注每个问题的含义以及他们思考答案时的思维过程。

相比之下，在可用性测试中，要求人们尝试完成你的问卷，同时你在旁边观察。你主要关注问卷是否能在受访者答题时机械地起作用。有些人在做问卷时会自然地出声思考，这会帮助你增加你从之前的认知访谈中学到的知识。但是如果他们忘了，也不用担心，只需要在最后询问他们是否发现有任何难以回答的、出乎意料的，或者顺序错误的问题。

问卷的可用性测试是你做过的最简单（也是最有趣）的测试之一。只需要做到下面几点：

- 找到愿意尝试回答你的问卷的人
- 观察他们完成问卷的过程，如图4.36所示。不要依赖他们告诉你的结果，因为他们不像你那样了解问卷，而且他们可能没有意识到问卷没有按照预期工作
- 在你观察时，记下所有事情：看似容易的事情，以及可能存在问题的事情
- 最后，询问他们对问卷的看法，同时也做好笔记
- 思考这些笔记，并决定要更改的内容

除了找人测试问卷，你还能通过什么方法能让自己做得更好吗？当然可以！

下面是一些额外的想法，用于提升测试：

- 从定义人群中找一些人（你想要的回答者）
- 多试几个人。如果你做过可用性测试，那你肯定知道可用性测试专家通常建议用3到5个人（一次1个，而不是都在一组）完成测试。大约做完3个人后，你通常就会有一个很长的修改清单。最好先做一些修改，然后找不同的人再测一遍
- 尝试找一些特殊人群帮你测试问卷，比如识字率低的人，不太会用计算机的人，或者残疾人。这样做的好处是：如果将来有残障人士尝试回答你的问卷，可能不会因为身体原因导致应答失败；而一旦这样的事情发生，会让你感觉非常糟糕

不要让这些额外的想法把你吓到。你会从参与测试问卷的任何人身上学到很多东西（当然，"任何人"可能不包括问卷的制作者）

如果你不熟悉可用性测试，并且想了解更多关于它的信息，那么阅读克鲁格（Steve Krug）的书《妙手回春》（修订版）（2014年人民邮电出版社出版发行）将是一个很好的开始。

图 4.36
通过观察某人在手机上尝试问卷来进行可用性测试

如果你正在从事巨无霸调查，并希望从调查方法学家那里深入了解可用性测试，那么请阅读格森（Emily Geisen）和伯格斯特拉姆（Jennifer Romano Bergstrom）合著的 *Usability Testing for Survey Research*。他们详细介绍了所有内容，包括人们在使用滑块提供答案时遇到的困难等主题。

为最终问卷创建屏幕快照

现在你已经对问卷进行了彻底的测试、迭代和再测试。在将其分发给将要回答的人之前，你还有最后一项关键任务要做：为问卷的每一页创建屏幕快照。

这里有一个由衷请求。我经常需要分析一些问卷数据，但是我又没有参与过该问卷的编制工作。对我来说，从数据集的缩写问题中猜测回答者可能会看到什么题目是一项严峻的挑战。如果你在项目中途无法访问调查工具，或者调查工具发生变化导致你无法重新执行特定调查，那么你会感谢我提供的这条关于屏幕快照的建议。

即使你一直负责调查问卷，也有可能在结果出来之前忘记某些细节。你会感谢我提供这些屏幕快照。

小结

这一章的篇幅很长，因为在制作问卷时需要考虑的因素比较多。

在实践中，你会发现：你对问卷的了解绝大部分来自你在可用性测试中学到的内容。

如果此时仍然没有做任何可用性测试，那么应该采取以下行动。

1. 停止。
2. 返回。
3. 做一些可用性测试，你会发现问题和改进方法会立刻涌现出来。
4. 进行一些修改并重新测试。

一旦对问卷做出修改并对其进行测试，就可以继续将问卷分发给早已圈定的回答者了。这就是第5章的主题。

在专题聚焦K，可以选择转向李克特量表和应答格式的复杂世界。

专题聚焦H 李克特和评定量表

调查设计中最常见的问题之一是："李克特量表的最佳评价点是多少？"

在这个专题聚焦中，我将向你介绍李克特本人、李克特量表的组成以及如何制作李克特量表。

李克特量表是对态度进行量化

李克特（Rensis Likert）博士是一名统计学家。据他说，他的名字读作LICK-ert，而不是Like-ert（可以阅读www.allaccess.com/forum/viewtopic.php?t=24251中的故事，非常有趣）。

李克特发表了一篇著名的论文"一种量化态度的技术。"（Likert，1932）他使用的技术是制作一份问卷，使用一系列陈述，例如关于"帝国主义"的24个陈述，来量化受访者对某些事情（在本例中为帝国主义）的态度。李克特量表的输出结果是一个计算得出的分数。

他的论文非常受欢迎，以至于现在几乎所有要求用户从一系列选项范围中选择一个选项的问题都与他的名字相关联。

李克特并没有发明态度量表

李克特量表是斯蒂格勒命名定律的一个很好的例子："没有科学发现是以其发现者的名字来命名的。"（Stigler，1980）

李克特回应了之前研究者（Thurstone，1928；Allport and Hartman，1925）关于构建一系列陈述来反映态度的想法。李克特量表之所以出名，是因为它的理论基础与早期量表一样坚实，但构建量表所需要的工作量更少，评分也更容易。

但是，不要认为好的李克特量表很容易构建，它的复杂程度使其一直是调查方法学研究中最热门的主题之一。

李克特量表有许多组成部分

我们来看看李克特量表的组成部分。我们的例子是系统可用性量表（SUS），它是一种李克特量表，由约翰·布鲁克（John Brooke）于1986年设计完成，目前仍是最受欢迎的可用性测量问卷。

在图H.1中，你可以看到李克特量表的各个部分。SUS量表有10个问题，每个问题都包含1个陈述和5个应答点。每个问题都是一项李克特量表的组成。

当你使用李克特量表来创建问卷时，既可以选择将每个李克特条目作为单独的问题呈现，也可以将它们全部组合成一个网格，如图H.1所示。

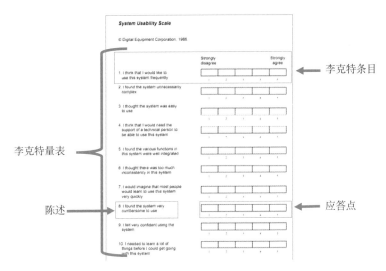

图H.1
系统可用性量表是包含10个李克特条目的李克特量表

许多人使用李克特量表这个术语来表示实际上是李克特条目的东西，类似这样的问题："李克特量表中有多少个评价点？"就我个人而言，我觉得这很令人困惑。所以我会严格地使用"李克特量表"这个术语来表示整个问题集，并使用"李克特条目"这个术语来表示特定陈述及其应答点的组合。

李克特并没有发明李克特条目

李克特在他的论文中使用了三种风格的李克特条目：

- 答案从"非常同意"到"非常不同意"的5点评价，如图H.2所示
- 答案包括"是"、"否"的3点评价，如图H.3所示
- 由5个较长的陈述（反映了意见的连续变化）组成的一组陈述，如图H.4所示

24. Moving pictures showing military drill and naval manoeuvres should be exhibited to encourage patriotism.

| Strongly Approve (1) | Approve (2) | Undecided (3) | Disapprove (4) | Strongly Disapprove (5) |

图 H.2
包含5个应答项的李克特条目

1. Do you favor the early entrance of the United States into the League of Nations?

| YES (4) | ? (3) | NO (2) |

图 H.3
包含3个选项的李克特条目："是""？"和"否"

15. Using the term "armaments" to mean equipment devised for war rather than for police purposes, our policy should be to favor:
(a) absolute and immediate disarmament of all nations. (5)
(b) rapid and drastic reduction of the armaments of all nations. (4)
(c) slow but steady reduction of all armaments. (3)
(d) maintenance for a long time of approximately the present military and naval strength of all the powers. (2)
(e) our free military and naval expansion unembarrassed by agreements with other nations. (1)

图 H.4
带有一组陈述的李克特条目

李克特并没有发明上述任何一种应答格式，并且他在1932年的论文中也没有表达出任何倾向性，但是他的名字已经与5点李克特条目以

及它的许多变体联系在一起。

在专题聚焦B"净推荐值和相关"中，我们遇到过另一种类型的李克特条目。净推荐值问题是一个11点李克特条目（应答点从0到10），但是净推荐值不是李克特量表，因为它只有一个陈述。

李克特条目看起来很简单，但却隐藏了很多复杂性，也是研究的热门话题。例如，我喜欢的一场工作坊报告了"关于'不知道'选项在网络问卷中的应答格式"的3个实验结果，如图H.5所示。

图 H.5
一场调查方法工作坊，只关注应答格式中的"不知道"选项

研究较多的主题之一确实是应答点的数量。稍后我们将在本专题聚焦中给出"正确的"数量。

李克特条目经常以网格的形式出现

由于有些问卷创建者非常喜欢李克特条目，并且将一堆问题塞进一个最关键问题也很困难，所以我们会经常看到网格式陈述，也称为矩阵问题。

不幸的是，许多网格都充满了问题，让它们不受回答者的欢迎。网格式陈述的问题可能包括：网格不便于阅读，问题难以理解，寻找答案很困难，回答者不确定自己是否想要给出答案以及诸如"我不确定这个点意味着好还是坏"之类的问题。我听人说过："我只要一看到网格，就会停止回答问卷。"并且，我也经常看到，因为网格问题导致放弃问卷的人数是在激增的。

我们来仔细看看图H.6中的网格示例，它有7个李克特条目。

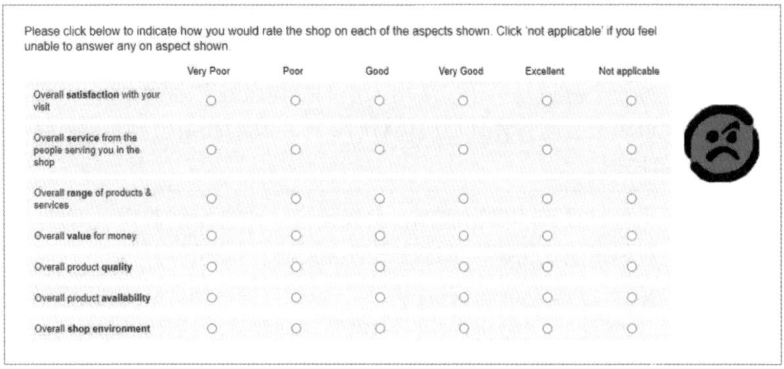

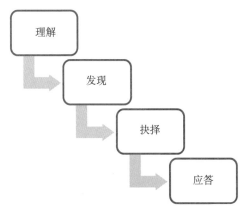

图 H.6
以网格形式呈现的一组李克特条目

以下是我在这个网格中注意到的一些问题，与回答问题的四个阶段（我在第3章中谈到过）有关，如图H.7所示。

图 H.7
回答问题的4个阶段

表 H.1　思考回答网格问题的各个阶段

回答阶段	网格中存在的问题
理解	文字很小。有些词可能不太常见，例如短语"所示方面"。在短语"回答任何所示方面上"中有一个额外的词（"上"）
发现	有一个陈述是关于"产品总体可得性"：这与他们对产品的实际体验有何关联？如果他们是出于其他原因（例如退货）去商店怎么办？
决定	另一个陈述是关于"店内人员的整体服务"：我们每个人都知道店员会因为评分低而被解雇，所以我们在给出真实意见时可能会犹豫
应答	当你已经到达网格底部，发现顶部描述已经滚动到页面外时，对你来说记住每个单选按钮的含义是一个挑战

这里提到的"理解"、"发现"和"抉择"问题同样适用于单个题目。你可能会争辩说，只有"应答"问题是网格特有的。但是我在实践中也发现，网格似乎带来了问卷设计中最糟糕的一面——它们可能会成为太多没有得到足够关注的问题的垃圾场。

你可能会争辩说："并非所有网格都是这样！我见过比这更好的网格。"话虽如此，我也见过跟这个示例一样糟，甚至比它更糟的网格。我并不是说不可能创建一个可以回答的、像样的网格，但这绝对是一个挑战，所以你应该尽量避免它。

有些网格不是李克特量表

有时，问卷设计者碰巧有几个问题似乎很适合作为李克特条目，所以他们决定将问题组织成一个网格，他们把每个问题的答案单独拿出来的选择。这不是李克特量表。这是一组按网格排列的问题。

李克特量表给出一个总分

在其他情况下，当问题足够集中于一个特定的态度时，可以把答案加起来获得一个态度总分。这就构成了李克特量表。

在我看来，李克特最重要的贡献是在他的论文中证明：将所有单个题目的分值相加获得一个分数，这种简单方法与他的前辈在量表编制时使用的更复杂的方法（例如让一组专家来评估每个陈述对量表总体的潜在贡献）效果一样好。

创建李克特量表：13项任务

一个李克特量表包含13项任务，我会逐个解释它们。如果不打算创建完整的量表，只考虑一两个李克特条目，可以直接跳到任务7和任务8。

从备选陈述开始，动手创建李克特量表

任务1：收集50到100个备选陈述

李克特建议从之前的问卷中收集其中针对某个主题的陈述。他还提到要阅读报纸并咨询专家。如果你还记得第1章的话，可能还会想到与干系人开会讨论。此外，如果仔细阅读本书，你会考虑对一些回答者进行访谈，以发现他们的紧急问题（在第 2 章中）——这是对本书最大的认可。

需要多少备选陈述？李克特的建议是"许多"，但没有说是多少。我的建议是在50到100之间，最终目标在量表中包含10个或者更少的陈述。（如果你能将它们缩减为一个最关键问题，那就更好了）

现在还不需要担心这些陈述的准确措辞。你将在后面的任务中解决这个问题。

为李克特量表选择一个主题

任务2：按照主题对备选陈述进行分组。确定在本量表中要探索的主题，并丢弃其他主题的陈述，或保存起来以便用于其他量表。

当你收集备选陈述时，脑海中会有一个主题。但经常发生的情况是——尽管所有陈述大体上都适合该主题，但其内部会有很多变体，使得主题从一个扩展到多个。

李克特量表测量的是人们对主题的态度。在最后阶段，所有陈述都

必须收集回答者对一个主题的意见。如果你的陈述涉及多个主题，不要试图把它们放在一个量表里。

拆分双管陈述

任务3：将任何双管或多管陈述拆分为单管陈述，或者将它们扔掉。

还记得我们在第3章中遇到的"双管"问题吗？李克特在他的论文中也提到了这一点。

自1932年以来，很多事情都发生了变化。但是在我的截图库中，最近却出现了大量的双管李克特陈述，甚至有"更多管"的李克特陈述。

例如，图H.8包含以下陈述：

> "考虑你什么时候设置、修改或者取消付款方式（直接借记或者长期订单）。"它设法将六个桶压缩成一个陈述，即与两种类型的经常性付款（直接借记/长期订单）有关的3个任务（设置/修改/取消）。

How easy or difficult was it to do what you wanted to do?

IMPORTANT: Please read the options carefully first before you select your response.

	Extremely easy	Quite easy	Neither difficult nor easy	Quite difficult	Extremely difficult
Thinking about when you set-up, amended or cancelled a payment (direct debit or standing order)	5	4	3	2	1
Thinking about when you viewed or downloaded your current account balance or statement	5	4	3	2	1
Thinking about when you made a payment or transferred money in or out of your current account	5	4	3	2	1

Back   Next

图 H.8
一个小型李克特量表，其中包含"多管"的陈述

检查所有陈述是否都是意见

任务4：回顾你的陈述，以检查它们是否是意见。编辑或丢弃任何有问题的陈述。

李克特量表不是一般知识测验：你需要的是同意或不同意的意见陈述，而不是事实陈述。

> 李克特建议用"应该"这个词来写陈述，比如"一个美国人在上海犯了罪，应该由中国法官审判"。

我没有用这个词，是因为"应该"这个词在当代的用法是模棱两可的。看看下面这个陈述：

> "我应该戒烟。"

在美国罪犯的例子中，我所说的"应该"意味着我们认为审判将由中国法官进行，而我们将对自己是否同意这样做进行评价，对吗？

在第2个例子中，你有没有像我一样，听到吸烟者说"我应该戒烟"却没有具体的戒烟计划？

"应该"这个词现在是一个很模糊的词，可以根据上下文语境和读者的观点改变其含义。

你也可以利用这个好机会，检查自己是否在询问人们对未来行为的预测。我们在第3章讨论过这个问题（没有预测曲线）。虽然我不能阻止你将这些问题包括在内，但是我可以告诉你，它们非常不可靠。

测试陈述是否以熟悉的方式使用了熟悉的词

任务5：从定义人群中邀请三五个人，请他们对陈述的清晰性进行评估。对于任何不清晰的陈述，要么丢弃，要么重新表述，并再次测试它们。

此刻，你已经获得了一组针对单一态度的备选陈述。最后的编辑步骤是：确保它们对回答者有意义，也就是要以熟悉的方式使用熟悉的词。

要做到这一点，最好的方法是进行认知访谈（我们在第3章中看到过）。概况的说，就是从你的定义人群中找到一些人，让他们用自己的话告诉你每个备选陈述的含义，并告诉你哪些陈述是清楚的，哪些不是。如果陈述中包含"应该"（它们没有在任务4中被丢弃掉），那么要特别注意人们认为"应该"在上下文语境中意味着什么。

在这个阶段，受访者可能还会告诉你他们是否同意每个陈述，这些也是有价值的数据，因为你希望陈述能够反映广泛的观点。

另一种方法是与干系人开会，猜测定义人群中的人对这些陈述的理解是否跟你们一样。我的经验是，这种做法可能有结果，但是比询问定义人群中的人要花费更多的时间。

如果你毫不动摇地执行"丢弃"策略，你的陈述将可能剩下一半或者更少。现在你可以决定：是尝试下一轮文字编辑和访谈（这可能会节省你的总体时间），还是将整体工作带入下一个任务。

检查剩下的陈述是否不超过10个

任务6：如果你还剩下10个以上的陈述，继续丢弃。

你现在已经完成了几轮文字编辑，希望你已经丢弃了大部分备选陈述。

理想情况下，此时你会有不超过10个陈述，并且你确信回答者对这些陈述的理解与你的理解一致。

如果还有10条以上的陈述，仔细查看它们，并思考是否可以丢弃其中一些陈述。

检查陈述是否为肯定陈述

任务7：寻找措辞消极的陈述。把每个否定陈述都变成肯定陈述，或者丢弃它们。

当回答者对问卷开始感到厌烦，并对每个陈述都勾选相同的答案时，就会发生"对齐"现象。为了避免这种情况，有些市场研究人员建议我们要写一些正面陈述（这样一来，"非常同意"就代表好的），同时写一些负面陈述（这样"非常同意"就代表坏的）。

例如，系统可用性量表(SUS)是用户体验专家最常用的李克特量表之一。它的前两个陈述如下：

"我想我会经常使用这个系统。"

"我发现系统不必如此复杂。"（Brooke，1996）

当我在使用SUS时，发现人们往往挣扎于陈述2的"头脑转换"，并且总的来说，消极措辞的陈述比其对应的肯定陈述更难理解。

选择应答点的数量

任务8：选择应答点的数量（5个就行）。

如你所见，李克特本人采用3点和5点李克特条目，NPS量表使用的是11点（0 ~ 10）格式。

图H.9中的流程图是我用于选择应答点数量的方法总结。

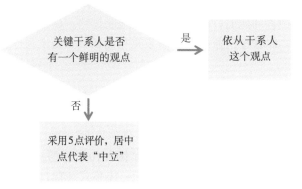

图H.9
决定应答点数量的流程图

现在我们来看看该流程图背后的一些理论。

关于应答点的数量，我见过各种各样的讨论，从2个到理论上无限个，后者允许回答者在一条线段的两个端点之间标记任何点（"视觉模拟量表"）。

在做了大量的问卷测试后，我发现回答者大多不太关心你提供的应答点数量——他们更关心的是陈述和自己对陈述的看法。这就是流程图中依据关键干系人意见选择不同操作的原理：应答点的选择对回答者不可能有太大的影响，所以不妨让干系人感到高兴。

如果由你来选择，那么我的下一条建议是选择应答点的数量为奇数——5是最常见选择，但3和7也可以。奇数会包含一个中点，使其适用于态度中立的回答者和不确定该选哪个选项的回答者，例如：

- 不知道
- 有时是一个看法，有时是另一个看法
- 不理解问题
- 不适用
- 不想回答
- 对这个话题发表意见不是我的事（最后这个可能是英国独有的）

另外一种观点认为，可以尝试在中点增加一个"不知道"或者"不适用"选项，并确保问题是可选的，从而使其成为真正的中立点。这样当有人不想回答问题时，他们可以简单地跳过它。尽量尝试你喜欢的任意组合；你将在任务12中对量表进行测试，并会发现你喜欢的方式是否有效。

对于我所说的"回答者不太关心应答点的数量"，你是否还心存疑虑？如果是这样，可以看看德国明斯特大学医院皮肤科团队的论文（Phan，Blome et al，2011）。他们需要评估"瘙痒强度"（用日常用语来说就是"瘙痒引起的疼痛"），并且测试了图H.10所含的3种应答格式：视觉模拟、4点口头评价量表，以及0 ～ 10格式（有11个点）。他们发现，尽管患者（大部分是老年人）发现不熟悉的视觉模拟更难使用，但是应答格式并不十分重要。

如果一篇引文对你来说还不够的话，欢迎查阅参考文献。我推荐从（Krosnick and Presser，2009）开始阅读，他们引用了80多篇有关李克特条目设计的论文。

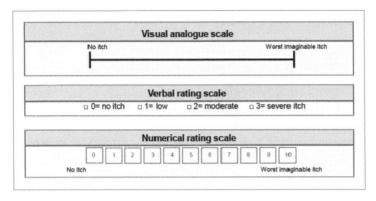

图 H.10

Phan，Blome 等人测试的 3 种应答格式（2011 年）

决定李克特条目的计分方法

任务 9：确定李克特条目的计分方法。如果你打算将结果提供给其他人，检查一下他们是否同意你的选项是合适的。

一旦确定了回答点数（我假设你已经选择了 5 点）后，就该为它们找到一种计分方法。是的，必须在创建问卷之前做这件事，而不要等到有了应答数据再来做它——后者会在会议中引发很多你想极力避免的激烈讨论。

李克特条目中使用两种不同的方法来分配分数。让我们来看看 5 点格式，如图 H.11 所示。

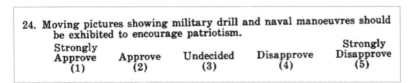

图 H.11

李克特量表的第 24 项陈述，"非常同意"得 1 分，"非常不同意"得 5 分

旁白：要求我在不使用"应该"的情况下重写该陈述。我的版本如下：

> "观看军事训练和海军演习的电影可以让人更加爱国。"

你可能有一个更好的版本。这就是写问题的全部乐趣所在。

李克特向我们展示了如何使用简单的数字进行评分。对于5点条目，他将"非常同意"记为1分，"同意"记为2分，依此类推，"非常不同意"记为5分。你会看到他把分数放在每个应答项下面，目的是方便人们从1932年的纸质问卷中获取数据。

李克特还在论文中解释了为什么要在3点这里（图H.12）中使用4、3、2这三个值。

1. Do you favor the early entrance of the United States into the League of Nations?
YES (4)　　　? (3)　　　NO (2)

图 H.12
使用"是"、"?"、"否"3个选项的李克特条目

即使完成任务7，最终还是得到一些否定陈述，那么你需要交换评分。我们再来看看系统可用性量表（SUS）的前两个陈述。

1."我想我会经常使用这个系统。"
2."我发现系统不必要地复杂。"（Brooke，1996）

对于陈述1，"非常同意"得5分，"同意"得4分，"中立"得3分，"不同意"得2分，"非常不同意"得1分。

但是对于陈述2，"非常同意"得1分，"同意"得2分，"中立"得3分保持不变，"不同意"得4分，"非常不同意"得5分。

对于不同的应答格式，还有许多其他方法可以计分。以下是一些流行的计分方法：

Top Box：	非常同意	1
	同意	1
	不确定	0
	不同意	0
	非常不同意	0

广泛应用于市场研究领域，因为不同的同意等级之间几乎常常没有差别，有些人只是不喜欢选择"非常同意"这个选项而已。

百分比：　　使用这些权重：

非常同意	100%
同意	75%
不确定	50%
不同意	25%
非常不同意	0

类似于李克特法，但有些人喜欢它是因为它从0开始。

NPS：　　包含一个从0 ~ 10的量表

选择9 ~ 10分的次数之和，代表"推荐者"

选择0 ~ 6分的次数之和，代表"贬损者"

总分是推荐者的百分比减去贬损者的百分比（我们在专题聚焦B中看到过这个）

对于上述任何一种计分方法（包括NPS和许多其他方法），都可以找到支持它们的学术论文。我再放一个我个人最喜欢的方法：

方法描述：报告选择每个选项的人数，或者报告选择每个选项的回答者的百分比，两者是等价的。不要试图将所有应答结果汇总成一个分数。不得不承认，虽然我会在报告李克特条目时使用这种方法，却无法在李克特量表中使用它，因为李克特量表的全部意义就在于将应答结果汇总成一个分数。

几年前，我自己也在寻找一种学术上尊崇的方法。我有幸受邀参加在意大利博尔扎诺举行的互联网调查方法工作坊，期间恰逢博尔扎诺著名的年度圣诞集市（图H.14）。参加工作坊的都是顶级调查专家，所以我很方便地询问了他们的意见。

图 H.13
参加在意大利博尔扎诺举行的工作坊,一个好处是可以在圣诞集市上挑选各种好吃的,比如杏仁水果软糖

大体来说,专家的意思是(我意译一下):

> "没关系。选择一个,坚持使用。"他们还指出,任何评价问题对于回答者来说都是一项艰苦的工作(稍后我们会再谈论这个问题)。

如果需要为自己的调查收集意见,又没有恰巧参加一场调查方法工作坊的话,以下方法可以让你的计分方法得到别人的同意。

1. 与 HiPPO 保持一致。
2. 找一个统计学家。照他们说的做。
3. 阅读关于李克特量表和统计学的文献选集,下定决心,写一篇论文为该选择辩护。
4. 我最常用的方法,举办一场有干系人参加的工作坊:

- 给他们看图 H.14 所示幻灯片中的数据
- 让每个人独立计算答案,不要出声

（我在各种工作坊上至少看到过七种不同的答案）

- 然后，每个人都展示他们的分数和计算方法
- 讨论哪种计算方法最好

一个"喜欢/不喜欢"的问题得到了这些应答

非常不喜欢	2
不喜欢	6
既不讨厌也不喜欢	14
喜欢	31
非常喜欢	13
总应答数	66

请计算：

"喜欢"的受访者百分比

图H.14
工作坊中用到的一些示例数据和指导语，用于计算评价结果

决定李克特量表的计分方法

任务10：决定如何根据各个条目的分数，计算出李克特量表的总分。

现在，你有了单个条目的分数，是时候想想如何将它们组合成单一量表总分了。

关于这一点，李克特描述了很多统计方法，因为他要对以前的一些想法进行回应。李克特证明：将所有单个分数相加的简单方法与之前两种更复杂的方法一样好。

再看看系统可用性量表SUS。它总共包含10个陈述。交换所有负面陈述的分数后，我们最终得到10个得分从1到5的语句。如果我们将所有数字相加，最低分是10，最高分是50。但是干系人

喜欢从0到100的分数，所以最后一步是从总数中减去10，然后乘以2.5。

思考应答评分是否合适

任务11：尝试将每个陈述变成一个直接问题。决定是否直接提出该问题，还是将其转回陈述，或者直接丢弃。

之前的任务1是检查李克特量表是否合适。现在，让我们检查一下不同类型的应答评分是否适合你的陈述。

在博尔扎诺的工作坊，有人提醒我说评分问题对于回答者来说是一项非常艰巨的工作。他们必须要做到以下几点。

- 理解陈述，以便确定他们正在被问到什么。
- 寻找自己的意见，通常方式是创建一个答案。
- 决定如何将自己的答案与陈述进行比较。
- 将上述比较转换为一个应答值，进行应答。
- 检查是否正确使用了应答值："1是好的还是坏的？我忘了。"
- 在问卷上选择适当的应答，完成该问题。然后对所有其他陈述重复同样的操作。

我在工作坊中询问了其中一位教授，想知道他如何处理困扰着我的陈述。他坚定地说："我会把它们变成直接问题。"

图H.15中的问题"在xxx网站上注册账户的容易程度"有5个关于满意度的应答项，外加一项"无"。我认为它"不太适合"。下面我们来尝试把它改为直接问题。

图 H.15
来自网站满意度李克特量表的一些陈述

我的等价直接问题建议如下：

> 你是否在我们的网站上注册了账户？
> (　　) 是的，而且很容易
> (　　) 是的，但是很困难
> (　　) 没有。
> (　　) 不记得了/不想说

当你将它们全部作为直接问题时，可以提供针对具体问题量身定制的应答项，而不是试图匹配所有问题的通用选项。

测试李克特量表

现在已经准备好执行所有任务中最重要的任务了，千万不可以跳过。

任务 12：与选择的人一起测试量表，然后基于测试发现再回来重新测试。

没有任何借口。

还可以检查人们是否对过多的正面陈述感到厌烦——如果是这样，可以决定是减少陈述的数量，还是将其中一些改回否定措辞。

对李克特量表进行统计检验

任务13：如果打算多次使用量表，则应当从定义组中至少找到100个人来回答该量表，并进行统计检验，以确保量表具有重测信度。

此刻，你拥有一系列陈述。你知道定义人群可以理解和回答它们，也知道量表适用于最关键的问题并反映了紧急问题。你所做的一切都在确保量表是有效的。

如果你只想用一次量表，则考虑一下你得到的答案是否有助于你做出决定。如果是，那么你的任务就算完成了。

如果想重复使用量表，比如有可能会进行一系列比较调查，那么你有必要了解一下"重测信度"，也叫可复现性。

> 重测信度是指如果一个人在两个不同的时间完成了相同的量表，期间没有其他变化，那么结果将是相同的。

例如，假设李克特量表的目的是测量人们是否喜欢你的网站。如果你让一群人早上回答问题，下午再次回答（期间网站没有发生变化），那么你会希望它每次都能给出相同的结果。

如果李克特量表是可靠的，你就可以在不同时间放心地使用它，因为你知道分数的变化来自实际态度的变化，而不是回答过程本身的变化。

为了确保重测信度，你需要从定义人群中至少找到100个人回答量表，然后进行以下检验。

- 因素分析：这个过程将帮助你确定量表是否真的包含同一事物的不同方面，还是隐藏了两三个不同的主题。
- 克隆巴赫系数：这个过程将告诉你量表内部的条目是否指向大致相同的方向。如果所有条目都是正面措辞，那么你会期望当最终总分为正面得分时，回答者对各个条目也给出正面回答。克隆巴赫系数越高，这种可能性越高。

关于因子分析的介绍，可以访问加州大学洛杉矶分校的网页：https://stats.idre.ucla.edu/spss/seminars/introduction-to-factor-analysis/a-practicalintroduction-to-factor-analysis/。另外还有一个克隆巴赫系数

的介绍：https://stats.idre.ucla.edu/spss/faq/what-does-cronbachsalpha-mean/。

祝贺你！你已经拥有了一个李克特量表

你已经看到，创建一个好的李克特量表是一项相当艰巨的任务，甚至利用李克特条目创建一个好的问题也会遇到挑战。

你认为我是在夸大其辞吗吗？我向你保证，并没有。例如，在描述了"牛津髋关节"评估问卷的研发过程。它是一个李克特量表，其条目包含了日常生活中的一些活动，例如步行和穿衣，如图H.16所示。顺便说一下，我的骨科医生要求我每五年完成一次该问卷，以评估我髋关节置换手术的恢复情况。

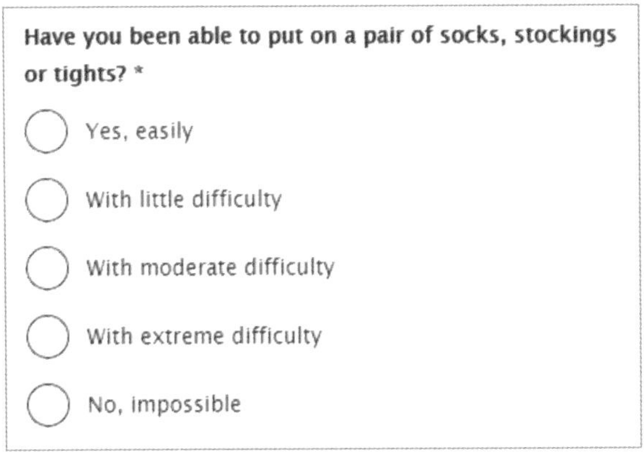

Have you been able to put on a pair of socks, stockings or tights? *

◯ Yes, easily

◯ With little difficulty

◯ With moderate difficulty

◯ With extreme difficulty

◯ No, impossible

图 H.16
牛津髋关节医学评估问卷中的一个问题

或许，一份典型的医学问卷会经历所有这些步骤并不令人奇怪。但更令人惊讶的是，当布鲁克（John Brooke）开始研发系统可用性量表（SUS）时，他所经历的过程与我前面描述的过程非常近似，正如他在论文中解释的那样（Brooke，1996）。

显然，我无法强迫你完成所有13项任务。我所能做的就是告诉你，如果想从李克特量表中获得有效和可靠的数据，就需要在这些方面下工夫。

最后一句话：避免对问题进行排序

在本专题聚焦中，我们研究了当人们必须评估自身意见，并用它来回答李克特条目中的问题时，需要付出的努力。

你可能还会遇到近似的问题：排序问题，它要求人们按照自己的喜好对多个选项进行排序，如图H.17所示。

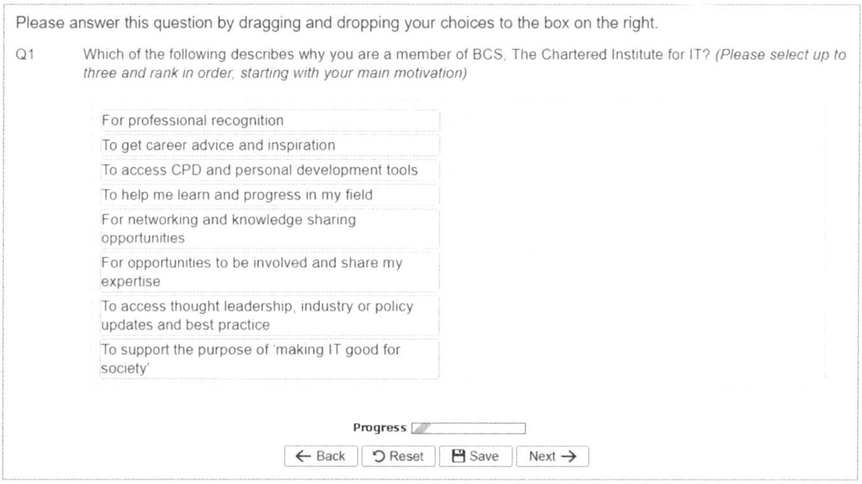

Please answer this question by dragging and dropping your choices to the box on the right.

Q1　Which of the following describes why you are a member of BCS, The Chartered Institute for IT? *(Please select up to three and rank in order, starting with your main motivation)*

For professional recognition

To get career advice and inspiration

To access CPD and personal development tools

To help me learn and progress in my field

For networking and knowledge sharing opportunities

For opportunities to be involved and share my expertise

To access thought leadership, industry or policy updates and best practice

To support the purpose of 'making IT good for society'

Progress

← Back　↺ Reset　💾 Save　Next →

图 H.17
来自专业协会的排序问题

排序问题比评价问题更难回答。它的过程如下。

- 从上到下地查看列表，以评估所有条目。
- 将每个条目与其他所有条目进行比较，以确定如何排序。
- 调整列表，通常使用不常见交互方式。
- 再次检查列表，通常是为了保证所有条目都已排序，而不考虑回答者对它们是否有意见。

当我收到图H.17所示的问题时，有些被难住了，因为我对专业协会的任何内容都不感兴趣，但又不知道如何让他们知道。

排序问题也对计分提出了挑战。对排序的统计检验与对评级的统计检验完全不同。此外，你不知道列表中的任意两项之间有何不同。排名第1和第2的项目可能非常相似，也可能非常不同。

如果正在考虑排序方法，可以使用评价方法来替代它，并查看平均评价值。这样做的好处是：回答者更容易对条目进行评价，并且最终你仍会得到所有条目的整体排序。还可以通过比较条目的平均评价值来了解它们之间有何差异。

但是，如果非要让回答者提供排序结果（例如，你希望回答者给出优先级），那么一定要比平时更加仔细地测试你的问题，并确保在得到结果前已经制定好可接受的计分方法。　■

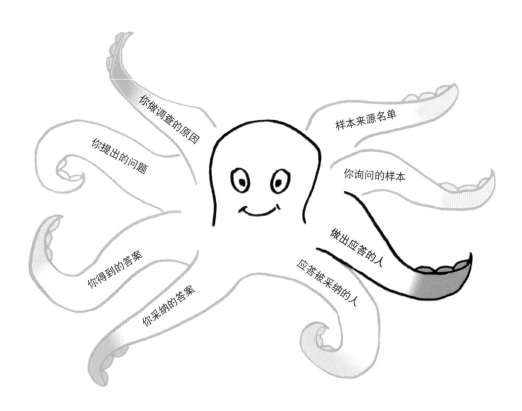

第5章

实地调查：完成问卷调查

此时，你已经拥有了一份问卷。我们将在本章中通过几个步骤来准备发布问卷，然后就是最后的实地调查时间。这是一个令人激动的阶段——把问卷呈现在回答者面前，观察他们的反应，并享受之前的辛勤工作带来的成果。

确定邀请、感谢和跟进内容

邀请内容包含：问卷内容介绍、回答者将获得的奖励描述（不一定是金钱）以及隐私政策解释或链接。对于网络问卷的电子邮件邀请，这将是一个单独问题，要像关注问卷一样关注它。对于其他类型的问卷，你可能比我更早已经将邀请设计为问卷的一部分。

同时，感谢也是值得关注的，它们几乎总是出现在问卷的最后一项。此外，你还需要决定是否提供后续跟进。

选择适合调查的奖励

回到第2章，我们研究了人们为何选择对调查做出应答。顺便提一下：给予激励有助于鼓励应答，但前提是感知到的回报与感知到的付出是平衡的。

最好的激励措施是有保证的和即时的。例如，旧金山旅游局为填写旅游调查的游客的奖励是：免费乘坐著名的缆车（就在出售缆车票和其他纪念品（如图5.1中的小饰品）的地方）。我很高兴地加入排队人群，以便有机会做那份问卷。

如果你提供的"奖励"是一种乐于助人的感觉（"通过分享意见帮助我们"），那么应该确保至少有一个（可选的）问题是开放式的，以便回答者可以填写任何意见，而不仅仅是让他们评价是否同意你的一系列选项。

如果人们是因为对你的研究主题感兴趣而回答，那么适当的奖励可以是有机会获得报告副本。有时，甚至提供一个之前调查结果的链接也足以提升应答效果，正如澳大利亚统计局在一项针对金融企业的官方调查中发现的那样（Burnside，Bishop et al.，2005）。

图 5.1
我从旧金山带回的缆车纪念品

在检查应答率的时候发现是否选择了正确的奖励，这就是你要进行预测试的原因之一：检查奖励是否正确发放。

有些受访者不想匿名

你听说过拉克斯（Henrietta Lacks）吗（图 5.2）？

1951 年，31 岁的她死于癌症。她的细胞（"海拉"系）被证明非常适合医学研究。它们被使用了几十年，没有任何人承认她的贡献，也没有人告诉她的家人。

她的故事对同意、匿名和保密性都提出了挑战性的伦理问题。正如专题聚焦 E "隐私"中所讨论的那样，我们必须在匿名性和保密性方面做出谨慎的选择：

匿名性：你不会被识别为给出这些应答的人。

保密性：你的应答只会被你同意的人看到。

我们还需要认真考虑是否有人希望他们的贡献得到承认。例如，我为一所英国大学进行了一项学生调查。从之前的研究中，我们知道大多数学生喜欢这所大学。当我们为学生提供匿名和保密的选择时，只有不到三分之一的人同时选择保密和匿名（表 5.1）。

（图片源于WWW.SMITHSONIANMAG.COM/SMITHSONIAN-INSTITUTION/FAMED-IMORTAL-CELLS-HENRIETTA-LACKS-IMORTALIZED-PORTRAITURE-180969085/）

图 5.2
拉克斯的肖像，纳尔逊（Kadir Nelson）作于2017年，以纪念她对科学做出的贡献

表 5.1　选择不同的保密和匿名水平的大学生百分比

后果	我们提供的选择	%
既不保密也不匿名	"我很高兴被引用，请提及我的名字"	26%
不保密但匿名	"我很高兴被引用，但请确保任何引用都是匿名使用的。"	42%
保密和匿名	以上都不是	31%

我们来对比一项税务机关做的类似调查：纳税人非常不愿意参与，直到他们确信自己的回答将是完全匿名和保密的。

确定是否提供跟进

有些人想提供个性化的应答，因此拒绝匿名。他们可能找不到其他提问方式，因此将应答视为获得帮助的机会，又或者他们可能只是想发泄一下个人情绪。

即使你明确告诉人们，不希望他们提供任何详细个人信息，并且所有贡献都将是匿名的和保密的，他们也可能会直接将个人详细信息放在那里。

你有如下选择：

- 编辑数据集中的个人详细信息，不做任何其他事情。这解决了匿名问题，但可能会使提供了详细信息的人感到不安
- 从数据集中提取个人详细信息，并启动处理联系人的常规流程。这对详细信息的提供者应该会有所帮助，但是对你来说比较头疼（考虑到它们给你的隐私政策和保密承诺带来的潜在风险）
- 做你认为或者组织认为更合适的其他事情

确定是否发送提醒

发送提醒可以提升应答率。

通常，巨无霸调查中的最佳实践如下。

- 在适当的时间间隔后，发送提醒，通常是一到两周
- 以不同的模式提供第二次尝试机会。如果最初邀请受访者参加网络调查，则提醒内容将是其他形式的调查，如纸质问卷（假如你有受访者的详细邮寄地址的话）
- 在另一个适当的时间间隔后重新提醒，理想情况下应该使用不同的模式（例如：通过明信片发送另一份纸质问卷）

这些实践是否也适用于轻触式调查？我不这么认为，因为似乎有点过头了。我们应该接受有些人不会回答问卷的事实，并继续前进。

让问卷回收变得容易

如果正在进行网络调查，检查链接是否有效，以及回答者完成回答后，问卷中的数据是否会到达它该去的地方。

如果正在进行电子邮件调查，确保电子邮件地址是有效的，并且收件箱有足够的空间接收回信。避免使用花哨的艺术作品或图像，它们会填满你和你的用户的邮箱。

如果正在使用邮件调查，就应该附上一个邮资已付的回邮信封，并在调查问卷的末尾也写上地址，以防止信封被乱放。

如果正在进行环境调查，就应该在问卷末尾附上地址（也可以是网络链接）。另外，考虑是否预付邮费。有些人会把它带走，稍后再完成。人数不多，但可以期待一下。

如果正在进行面对面调查，就要确保你已经考虑好谁来输入答案，以及如何存储纸质应答数据的问题。

创建一个好的邀请

邀请与问卷一样重要。现在再次回顾第2章遇到的"信任/付出/回报三角形"。

确保邀请看起来值得信赖

图5.3所示的邀请是我的最爱之一。当我在工作坊上向参与者展示它时，他们几乎一致谴责它是垃圾邮件：它似乎是俗气剪贴画和难以辨认的文字的组合，对问卷填写产生消极影响。但它不是垃圾邮件，它是由我所在地附近的当地政府部门发出的的真实邀请）。

确保在没有图像的情况下测试邀请。图5.4是我从打印机制造商Epson那里找到的邀请。

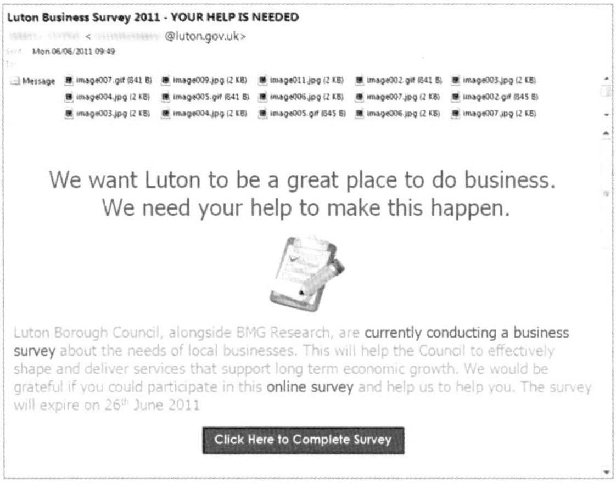

图5.3

Luton经营场所邀请

图5.4

无图版Epson打印机邀请

如果不是为本书收集调查素材，这些没有图像的巨大空白肯定会让我立即删除电子邮件。事实上，我点击了图像，并对着图5.5中的结果大笑起来。这看起来不像是一家重视真实反馈的企业，它看起来更像是一家敦促我给它五星好评的企业。

图 5.5
有图版 Epson 打印机邀请

于是我对调查失去了信任，并拒绝回答。更有意思的是，几年后，当我更换打印机时，我收到了完全相同的邀请，唯一的变化是新打印机的精确型号和照片。

为了建立信任，要做到下面几点：

- 做一个自我介绍
- 说明为什么要专门联系这个人
- 附上联系信息，以表明问卷是由真实的、可联系的人发出的为了增加感知到的回报，要做到下面几点：

- 解释调查的目的
- 解释为什么这个人的应答将有助于实现该目的
- 如果有激励，就提供激励

为了帮助这个人评估付出程度，要做到下面几点：

- 概述调查主题
- 告知调查的截止日期
- 不要估计预计时长（除非你已经测试过很多次，并且确切知道你的答案）
- 告知问题数量（如果可以的话）——在巨无霸调查中有很多跳出模式，可能比较棘手

需要避免以下错误：

- 截止日期比邀请日期提前
- 无效的问卷链接
- 由不完整的数据库生成的个性化邀请，因此其中一些邀请会显示为"亲爱的 #namehere"或"你好，女士！"
- 过于依赖图片，导致当页面以纯文本方式显示时无法显示图片

让邀请内容保持简短

我已经用了200多个单词告诉你邀请中应当包含的内容。现在有一个坏消息：这绝对是邀请的最大字数限制。内容更短甚至更好。

我在图5.6中展示了来自Trello这个任务管理应用程序的邀请。

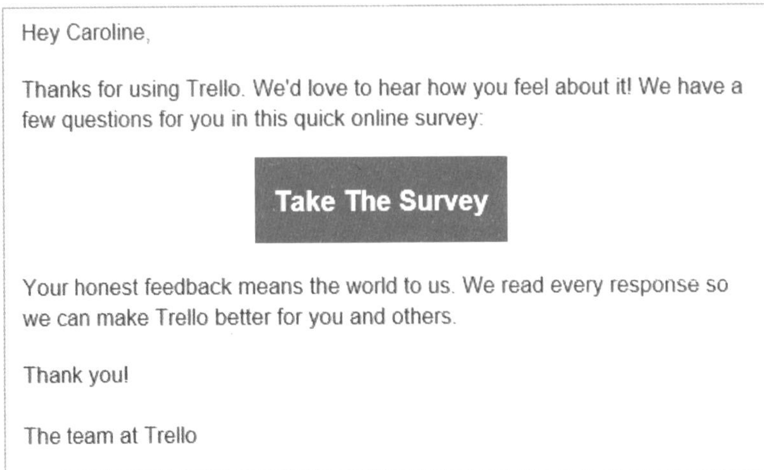

Hey Caroline,

Thanks for using Trello. We'd love to hear how you feel about it! We have a few questions for you in this quick online survey:

Take The Survey

Your honest feedback means the world to us. We read every response so we can make Trello better for you and others.

Thank you!

The team at Trello

图 5.6

这份来自 Trello 的邀请对我有效——57 个单词

这个邀请仅用 57 个单词就打动我了：

- 它介绍了发信者是 Trello
- 他们联系我是因为我用过 Trello

在增加可感知的奖励方面，提到以下几点：

- 他们想让 Trello 变得更好
- 他们会阅读每一个应答（作为一个调查专家，这对我来说很有价值，因为我知道许多组织并不会花时间这样做）
- 没有金钱激励，但是让我感觉良好，这也是一个我可以接受的因素

在帮助人们评估工作量方面，提到以下几点：

- 它是对我使用 Trello 的情况进行调查
- （他们没有写截止日期——哦，好吧）
- "几个问题"和"快速"（本可以有更好的描述），但是他们在邀请的其余部分已经做得足够好，所以我会忽略此处的含糊不清

准备一个"感谢页"表示礼貌

总的来说，我认为邀请和问卷同样重要，因为如果邀请不起作用，那么问卷肯定也不会起作用。

一个令人愉快的感谢页会让人以良好的感觉结束调查，如图5.7所示。你也可以感谢页里再次强调你的后续跟进；或者，如果你下定决心要对所有应答完全匿名和保密，可以提供适当的联系方式，以便当回答者非常想获得跟进时可以联系到你。

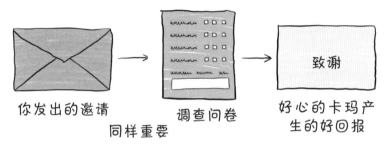

图 5.7
你的邀请与问卷同样重要；好的"感谢页"产生好的回报

仔细选择邀请的时机

如果你在网站上找不到需要的信息，只看到屏幕上弹出一个客户满意度对话框，你就会明白一个不合时宜的调查是多么令人愤怒。

正如用户研究员舒宾（Hal Shubin）所说："一位受访者的话让我记忆犹新。他发誓说调查就是在浪费时间。如果他对浏览网站没有足够的兴趣，就算问卷只有一道题都不会填。"

仔细考虑你希望客户拥有的整体体验，以及那些带来良好体验的时刻（比如礼貌而又合宜地邀请客户提供反馈）。

记住，你可能只会短暂吸引他们的注意力。如果只想问一个问题，不要问"你会回答我们的调查吗？"要问一个可以提供有用数据的真实问题，例如：你的最重要问题或者为最重要问题做准备的适当问题。

进行预测试

当你第一次把问卷发给你想找的回答者时，你会不可避免地发现一些需要马上修改的地方，这就是为什么必须要在最终调查前使用一个较小的群体做预测试。

通常，我会用大约10%的样本做预测试，这已对足够让我了解正在发生的事情了。但是，如果我必须尽早推动调查以解决问题，那我就不会勉强自己一定要得到全部样本。通常预测试的结果都很好，以致于我可以将它们包含在最终报告中。

如果调查方式是电子调查（例如网络调查或电子邮件调查），并且之前没有时间对使用辅助技术的人或者不辅助技术的残疾人进行测试，那么预测试将是最后一个，也可能是最重要的一个机会，确保其不排斥任何人。

在预测试中需要检查以下典型错误：

- 邀请发送给了错误的人
- 邀请显示不正确
- 问卷链接无效
- 应答没有到达预期的地方
- 帮助页或者联系页的外部链接无效
- 应答率与预期相差很大

如果你正在进行巨无霸调查，那么可以参考业界领先的田野调查供应商 Canadian Viewpoint 发布的一份很棒的检查单："预测试的9项必备检查"（https://canview.com/2018/03/9-essential-checks-questionnaire-pilot-test）。

如果你还在坚持使用轻触式调查，必然也需要做预测试，并且（好处是）它会更快。

开始对预测试的应答进行数据清洗和分析

对预测试应答数据立即查看，以确保你可以发送需要的结果。试着立即清理你在预测试中获得的数据，并对任何开放式答案进行编码（两者都将在第6章"应答"中进行讨论）。

从预测试中创建可交付的草稿

干系人希望从调查中获得什么结果？以何种形式获得？

回到第1章，我提到在进行调查前尝试创建一份演示文档。如果你之前没有这样做，现在就可以开始了。

有些干系人喜欢直白的数字，其他人则更喜欢图表；有些人喜欢干脆利落的幻灯片，每张幻灯片包含一个简洁的事实，其他人则希望在每一个令人极端痛苦的细节中了解整个故事。关于这些内容，在第7章中有更详细的介绍。

当你从答案中整理演示文稿或报告的草稿时，你会很快发现，之前提出问题是否有助于自己获得所需的答案。

不要跳过预测试，并且要迭代测试

我希望能向你展示我收集的大量问卷截图。这些问卷通常都来自著名公司的备受尊敬的市场研究人员，其中存在的明显错误很容易通过预测试发现。错误的链接、糟糕的出错信息、不起作用的分支，甚至整个调查都在错误的时间发出。

请不要跳过预测试。尽可能使其靠近主调查。只在一件事情上妥协，即：你询问的人数。你会感谢我的——真的会的。

不要害怕迭代。你可能会发现排版错误，或者可能会忘记问最关键问题。先解决这些问题，然后再在另外10%的样本上重新做预测试——这样做比白白浪费主调查的宝贵机会要好得多。

启动实地调查并确保其顺利实施

好耶！你已经尽力确保了实地调查的顺利实施。完成这些努力后，或许你认为自己理所当然应该休息一下了，比如享受一个短的假期（图5.8）。

图5.8
实地调查并不是休假的最佳时间

嗯，不行。无论你的预测试和其他准备工作做得有多细，都需要随时检查实地调查中的情况，并可能做出紧急决定。

例如，如果你选择通过"滚雪球"式的招募来获得样本，就需要特别小心。如果应答率突然上升，可能是个好消息，因为它引起了人们的注意，但也可能是我们在第2章遇到的贾斯汀·比伯-朝鲜问题——喜欢恶作剧的人或者更恶劣的人，可能因为你意想不到的原因而打算劫持它。

在整个实地调查过程中不断检查应答情况

当应答出现时，尽可能多地阅读它们（图5.9），以确保不会有令人不快的意外。

一种对我有用的策略是基于前100个应答进行完整的分析和报告：

- 我可以了解正在创建的报告是否是干系人需要的。
- 我可以记录自己使用的统计检验以及具体是怎么做的。当需要进行完整分析时，这些细节可能真的很难记清楚。
- 我可以估计完整分析需要多长时间。

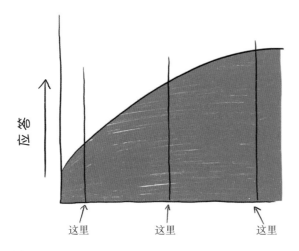

图 5.9
一旦得到一些应答，就开始着手处理并保持迭代

不要害怕提前结束实地调查

如果一切顺利，干系人可以根据100个应答做出决定，为什么不就此止步呢？这样做对每个人来说都更便宜并且更容易。

出于其他原因提前结束实地调查也是可以的。如果出现问题或发生完全无法控制的重大事件，不要害怕尽早停止调查。与其浪费回答者时间（还有你的时间），不如快速结束调查并重新安排。

如果调查包含后续跟进，应及时跟进

如果调查奖励取决于回答者成功完成调查，则应确保迅速提供奖励。人们真的会互相交流，而延迟奖励的消息可能会对你的组织产生负面影响。

此外，如果提供了其他类型的跟进，则应当掌握它们的最新动态并及时跟进。

实地调查可能会出现哪些问题

当我思考实地调查中可能出什么问题时，只想到一件事：没有进行预测试。

在阅读调查方法相关的书籍候，我一次又一次地发现，作者非常强调预测试的重要性。每当我跳过预测试（或者被迫服从客户的意见而跳过预测试）时，我都非常遗憾。

一旦通过预测试并进入实地调查阶段，需要关注以下事项：

- 应答量病毒式地增长（以坏的方式）
- 不关注应答结果
- 等待太久时间才进行调查
- 未能及时发放奖励
- 对于希望获得跟进的人没有按计划进行跟进。

小结

此刻，就这样有了应答数据。这是整个调查过程中最激动人心的时刻。

案例研究

应答率翻倍

纽曼（Tabetha Newman）经营着一家英国调研公司Timmus。她会对组织内部的战略改变带来的影响进行评估，或者对不同组织所采用的基准进行评估。

我们在第3章中了解了她的"投票手推车"。图C3.1是她与其中一辆手推车的合影。

COURTESY OF TABETHA NEWMAN

图 C3.1
纽曼带着一辆投票手推车

她告诉我在一项调查中，在不改变问卷的条件下，她将应答率提高了一倍。我对此很好奇。

问：你能再告诉我们一些使用在线调查来量化战略变化的事情吗？

如果一个组织计划执行新政策或新实践，可以在执行前后对态度进行测量，并量化和描述影响，这是个好主意。这也是比较调查可以提供帮助的地方。

问：为什么要你来参加这个项目？

这对我来说有点不同寻常。通常，我会参与前后测问卷的设计和

案例研究（续）

执行工作。如果设计保持一致，你就可以对前后测数据进行对比。

在这个项目中，客户每两年进行一次标准化调查，作为国家基准测试的一部分。前两次调查的应答率约为25%，令人失望。我受雇管理实地调查并撰写报告，但不允许更改问卷本身。这真可惜，因为它有18页复杂的问题。

问：考虑到在问卷方面你的手脚被限制住了，是什么吸引你做这项工作的呢？

我是一名行为生态学家和统计学家，我觉得有机会证明邀请和实地调查工作与调查本身一样重要。我认为一些行为生态学想法（有时称为助推）可能会提高应答率，最终目标是对整体人群进行有效的、可靠的概括。

问：那你都做了什么？

我将注意力集中在围绕问卷的所有内容上：电子邮件邀请、介绍页、提醒邮件、感谢页以及联系参与者的方法。

我找到根据先前的调查所做的改变，并将这些结果告诉受访者。如果人们觉得他们可以真正影响事件的发生，他们就更有可能会参与。否则，就会感觉在浪费时间。

所有工作都围绕这些思考："受访者得到了什么回报？他们为什么愿意花时间做？怎样才能尽可能减小他们的付出？怎样才能让他们积极讨论这个调查？"人们总是被他们周围的其他人影响。

对被选择对象是否具有代表性的担心是一直都有的。例如，他们可能是因为特别高兴或者不高兴的内心驱动导致完成问卷，所以我还会在主要的实地调查前先选择一个随机子样本进行调查，以便了解他们的意见（代表5%的总体）是否与最终的主要调查的意见相符。这属于额外的付出：挑选人员，在主要的实地调查前与他们联系，并提供激励以确保所有人都做出应答。幸运的是，我的客户非常支持这项工作，并渴望知道会发生什么。

问：你做了哪些大的改变？

首先，我找到了与调查主题相关的高级工作人员。他同意把自己的名字放在电子邮件邀请、提醒和感谢文字中，这使得外发的电子邮件更加个性化。

我得到了许可，可以追踪谁完成了问卷，这样就不会在完成问卷后再次打扰他们。我使用了在线调查工具，该工具允许我使用参与者的姓名对电子邮件进行个性化设置。

在电子邮件邀请中，我列出了先前参与调查的人带来的积极变化。

选择邀请时间至关重要。一天中最好的时间往往是上午晚些时候（在应答完紧急电子邮件之后），并且避免周一和周五。我选择在周四上午10:30发送邀请，因为我知道所有员工在上午11点有一个茶歇时间，这段时间他们可能会有空来完成调查。

我用富有说服力的语言要求人们加入他们的同事——"社会压力"。我使用实时调查信息来更新提醒邮件内容（"50%的员工已经向我们发送了他们的意见——请加入他们并帮助影响……"），以此增加社会压力。他们还在参加调查后得到了一封经过仔细斟酌的感谢邮件。

我让实地调查保持简短，因此人们觉得有必要尽快回答，而不是把邀请邮件留在收件箱里。

所有的交流材料都很简短，并且写的内容让我们想找的回答者感兴趣——而不是告诉他们客户想让他们知道什么！

问：你得到了什么样的结果？

应答情况令人吃惊。我们的应答率为49%，几乎是之前的2倍。随机子样本方法也有效：79%的子样本回答了问卷，并且他们的回答与更大范围的回答没有统计差异。客户最终获得了可靠的数据集和可操作的指标，他们可以利用这些指标来影响未来的战略规划。

这些结果很棒，不是吗？

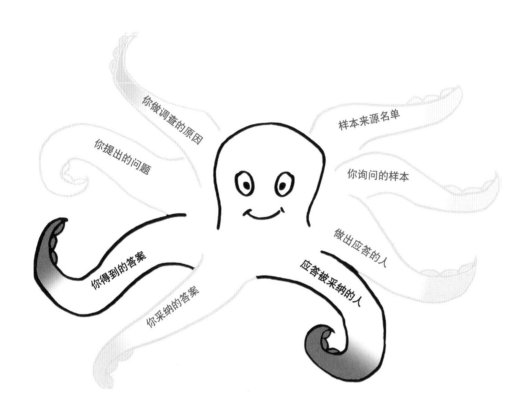

第6章

应答：将数据转化为答案

我们已经来到一个激动人心的时刻:人们回答了我们的问题,现在可以决定要使用哪些答案了。

这包括下面几个方面:

- 清理数据
- 决定使用谁的答案
- 了解数字型数据
- 在开放式答案中寻找主题,也称编码

在本章中,我将对答案(answer)、应答(response)以及数据集(dataset)这几个概念进行区分。

> **答案**是一个人对特定问题的回答。
> **应答**是一个人对所有问题的回答。
> **数据集**是所有人对所有问题的回答。

如果一直在关注调查章鱼,你会发现我们将在本章中处理两个触手。在图6.1的右侧,你可以考虑"应答被采纳的人"——在这里你要

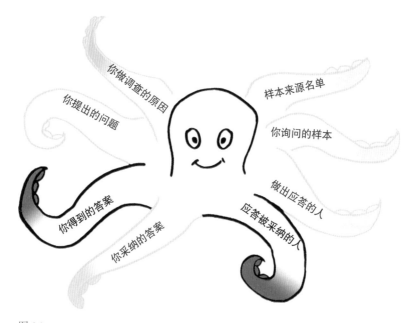

图6.1
本章的主题是"采用了其回复的人"和"收到的应答"

决定是否采纳某人的应答，或者将其排除出数据集。在左侧，你会对"你得到的答案"进行思考——在这里要决定如何处理特定问题的答案。

数据清洗

应答数据永远不会是干净整齐的。在数据清洗阶段，总有一些问题需要解决，如图6.2所示。

图6.2
就像厨房的地板一样，数据清洗也会让应答数据变得更好

如果选择纸质问卷，你将不得不把答案输入电子表格或其他数据库中，或者安排其他人来做这件事。无论谁来做，都应该让其他人检查每个人的应答数据是否已准确输入，因为有些打字错误是难以避免的，并且每个人阅读笔迹的能力也各不相同。

我们来看看需要为调查做哪些事情：

- 检查数据集是否已被正确导出
- 建立日志页并开始备份
- 考虑需要编辑或删除的内容
- 考虑你计划如何使用列

当我得到要分析的数据集时，会先做以下操作：

- 在电子表格中打开数据集并查看。它有没有从存储的地方正确导出？有没有开放式问题的答案被截断
- 检查数据集是否正确：列标题与当前问卷版本一致
- 检查电子表格中的应答数是否正确：一行数据代表一个人的应答

是的，我有一些错误的数据集的例子。尤其是当多个团队共同使用一个调查工具时，更容易产生错误的数据集。

建立日志页并开始备份

日志页用于记录你的数据清洗和分析过程。我喜欢在数据文件电子表格中新建一个工作表作为日志页，并为每条记录增加日期戳——或者如果操作更频繁的话，增加时间戳。

提示 如何标记时间戳

在Excel和谷歌表单中，有插入时间或日期的快捷方式：

在Windows电脑上：

- 插入日期：Ctrl+；（同时按下Ctrl和分号键）
- 插入时间：Ctrl+Shift+；（同时按下Ctrl、Shift和分号键）

在Mac电脑上：有类似的快捷键，但使用Command键而不是Ctrl键

Excel会从计算机中获取当前时区信息；在谷歌表单中，你必须为每个电子表单设置时间。

尽管现在的电子表格都声称可以保存备份，但我的经验是：它们的版本控制不够好。我强烈建议你在对数据集进行任何重大更改之前创建一个备份，并清楚地命名它，并且经常对较小的更改进行备份。我自己会保留很多备份，以便在某些更改意外出错时可以用得上。

悄悄告诉你（不要告诉我的客户），我总是幻想这次清理和分析工作能很快完成，不需要写日志。然而每次都是这样：某件事发生了，

我不得不中断当前工作，等回来时才发现需要重新创建之前忽略的笔记，就像图6.3中带有典型的仓促拼写错误和古怪的标点符号。我再次感到自责，因为中断之后会更难做。从那之后，我就更加小心了。

	A	B	C
1	Date	Observation/note/activity	Relevant worksheet
2	22-Jul	Remembered to set up a log page for this dataset; catching up with some things I've alredy done	
3	22-Jul	Data sent by client around two weeks ago. Redacted personal data.	Private data
4	22-Jul	Set up a 'Columns' sheet that describes the columns currently in use	Columns
5	22-Jul	Renamed several columns to shorter names for analysis purposes	Columns
6	22-Jul	Set up a 'Pivot' sheet to hold all the pivot data	Pivot
7	22-Jul	calculated time to complete in minutes	Time to complete
8	22-Jul	set up a column that topped out time to complete at 'over 1hr'	Columns
9	22-Jul	found a couple of entries that had unrealistic time to complete	
10	22-Jul	changed the IP address column to exclude those unrealistic entries	Columns/use of 'exclude' in former IP address column
11	22-Jul	Added in client's research questions	Research questions

图 6.3

日志工作表的第一条记录。我过了两周才开始创建此条记录，前后一共写了3个小时

考虑需要编辑或删除的内容

以下是我在数据清洗过程中查找的内容：

1. 是否有重复或者不合情理的应答？
2. 完成时间是否超出了合理的范围？
3. 我需要编辑个人数据吗？
4. 有骂人的话或者种族歧视语言吗？
5. 除了0到9和a到z的标准字符外，其他字符在捕获时是否出现系统错误？
6. 本次调查还有其他什么特别的地方吗？

寻找重复或者不合情理的应答

一些调查工具会自动拒绝同一个人的重复应答；其他工具允许人们这样做，因为有些人（例如我的父母）的家里只有一台共用的电脑。

无论哪种方式，都可能会产生一些问题，因此寻找完全相同的行是有价值的。可能真有两个不同的人的答案是相同的——尤其当你采用轻触式调查并且只有少数问题的时候。

更常见的情况是，有人无意（经常发生）或者故意（并非不知情）地发出了多个答案，导致很多重复答案。还记得我们在第2章中遇到的贾斯汀·比伯粉丝杂志调查吗？

查看开始时间和完成时间

许多调查工具会告诉你每个人开始填答的时间。如果开始时间早于问卷开放时间，这通常意味着结果中包含一些测试留下的虚假应答数据。

你也可能会发现一些迟到的应答数据，它们的开始时间晚于问卷本应关闭的时间。通常，我会删除测试记录，但允许迟到的应答。

有时，调查工具会报告回答者完成应答所需的时间，但更多情况下，你必须用提交时间减去开始时间来计算完成时间。

有人的答题时间短得离谱吗？这可能是市场研究人员所说的"超速者"——只对激励感兴趣而实际上并未考虑问题的人。

有人的答题时间长得离谱吗？阅读他们的应答数据，看看是否合理。他们可能不得不停下来开会或者做别的差事。考虑使用"平均完成时间"来排除很长的时间，或者报告中位数时间。

寻找个人数据，决定是否对其进行编辑

如果在隐私方面的工作已经做到位，就很容易决定个人数据应该如何使用，因为很久之前你就已经知道如何处理个人数据了。

但是，我获得的调查数据集中经常会包含大量的个人数据，似乎没有人考虑过隐私问题，或者是否允许我查看个人数据。我处理这些问题的方法是：编辑所有能找到的个人数据，然后销毁所有包含个人数据的数据集副本。我把自己的一些尝试放入了表6.1中。

表6.1　想要查找的身份数据和处理策政

寻找	试试这个
电子邮件地址	更改为"提供的电子邮件"
详细地址	缩短为不太容易识别的数据，例如城市、州、省甚至国家。
	注意来自小城镇、人口较少的州（如阿拉斯加）或只有少数人回答的国家的受访者
	你可以为来自几个较小区域的人使用一个较大的群组，从而保持匿名
ISP地址	检查ISP地址是否唯一，然后将其全部删除
隐藏开放式答案中的细节	即使你要求人们不要在答案中输入个人信息，他们中的一些人也会这样做
	阅读每一个答案并编辑个人详细信息
	（我假设你已经在实地调查阶段处理过个人跟进事项）
职位名称	职位名称加上组织名称可能足以识别出一个人，甚至有时仅有职位名称就足够了
	例如，如果你的答案中有"表单和调查专家"的职位名称，则很可能是我

寻找脏话或诅咒

有些人可能会选择使用强烈的语言来表达强烈的情绪，如图6.4所示。在某些组织中，你可能会发现由于政策限制工作中使用不当语言，很难分享或使用这些数据集。

可悲的是，有时候，有些人的回答可能会使用带有种族歧视的语言，或者其他严重冒犯你和团队成员的方式。注意，数据清洗的过程本身可能会给你和团队成员带来压力。

我通常会在首字母后插入星号来编辑令人反感的词，这样一来，这个词就会变成脏话或者其他什么的。我的观点是，这会保留情绪（尽管令人不快），同时又不会让辱骂继续下去，或者给公司造成麻烦。你可能会喜欢其他策略。

图 6.4
有时，人们选择在答案中使用强烈的语言

当有人的应答不但充满攻击性而且还有联系方式，并且明确希望组织中有人跟进时，我总是有点惊讶。如果有跟进流程，确保已向流程处理人员发出相关警告（语言已编辑）。

更正抓取字符时产生的系统错误（0~9 和 a~z 外的其他字符）

不同工具对于如何捕获和显示字符有不同方式，例如弯引号和标音字母，如图 6.5 所示。

> , Let‰Ûªs
>
> É MONTRÌäAL

图 6.5
左边是输入的字符，右边是电子表格上显示的字符

对于此类错误，我会在确保备份原始数据的前提下，毫不留情地进行全局替换。

寻找本次调查的特定检查项

到目前为止，我在数据检查中提到的所有内容都适用于大多数调查。但是在几乎所有调查中，都可以找到一些特定主题的检查项。

例如，在一项对时尚网站的调查中，我们获得了大约20名受访者。他们对时尚预算的估计高得惊人，达到每月20 000美元甚至更多。当我检查其他答案时发现，他们在所有开放式问题中都填入垃圾信息。于是，我排除了他们的数据。但是有一些真实的答案，大约是10 000美元/月。

考虑一下，自己计划如何使用列

如今，许多调查工具都可以将问题全文导出为列标题——如果没人记得保存最终问卷的屏幕快照，这是很好的功能。但是如果问题很长，结果就有点尴尬了。例如，一份问卷包括两个长问题，都以"如果你参加了一场会议是关于…"题目前没有问题，但是作为列标题进行分析就不方便了。

为了便于分析，我通常会重命名列标题，大约10个字符的长度。我会在笔记中保留原始问题，这样当我创建报告时，就可以将问卷的确切措辞包含进来，而不是任何缩写。

案例研究：数据清洗

我有一个来自巨无霸调查的数据集（有10 000多个应答）需要分析，但是我没有参与创建问卷。表6.2显示了我需要解决的一些问题。

表 6.2 巨无霸调查的问题集

问题	需要做出的决定
两个基本相似的调查问卷发给了略有不同的受访者群体	是分别分析两组数据，还是尝试调整列以创建一个更大的数据集？
问卷随机询问了某个产品的10项功能，但由于编程错误，它对其中一项功能进行了两次询问。有些人的回答不一致，如图6.6所示	接受哪个答案，还是都不接受？
问题的答案选项包含一个"其他"文本框，但它能容纳的文字长度过短	如何解释被截断的答案？
当匹配的数据返回后，所有不匹配的应答项都会被删除	接受丢失这些应答，还是再花几个小时时间找到和恢复丢失的应答

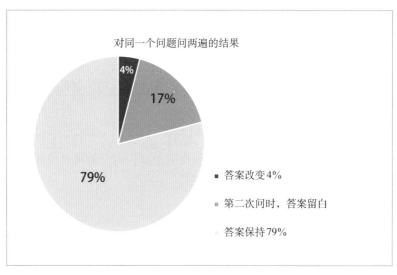

图 6.6
人们并不总是以相同的方式回答相同的问题

我之所以选择这个案例，是出于以下3个原因：

- 打消疑虑，任何大到一定程度的数据集可能都需要这样的决定

- 警告你，数据清洗需要时间和思考

- 提醒你，在进行调查前规划好分析（并在预测试期间对其进行测试）有助于节省分析时间和资源

大多数情况下，对于分析超过10 000个条目的数据集，我确信努力说服客户和同事保持样本量尽可能小是值得的。

决定使用谁的应答

当你有一个经过适当清洗（并备份——我有没有提到备份？好吧，我知道我做了，但这真的很重要）的数据集时，通常会有一个电子表格，其中每一行都包含一个人的应答。在这个应答中，此人可能已经决定不回答你的一个或多个问题。这称为缺失数据。

是时候对包括还是排除每个人的应答做出决定了。

决定如何处理缺失数据

对于轻触式调查，无须过多担心缺失数据，因为很快就会进行另一项调查。因此，如果某人的应答不完整，你可以将其从数据集中排除。

如果正在进行巨无霸调查，缺失数据就会是一个最大的挑战。我在分析以小批量的方式到达的数据集时总是特别开心，因为这样我就有了处理缺失数据的策略，并能与干系人达成一致。表6.3显示了一些处理缺失数据的策略。

表6.3　处理缺失数据的策略

策略	笔记
从数据集中删除此人的应答	是最简单的方法
	会丢失数据
只删除那个人有问题的答案，但保留他们的其余答案	保留了尽可能多的应答
	意味着每个问题都有不同的样本量
只删除那个人有问题的答案，但保留他们的其余答案	可能导致需要每个数据项上都有数据的统计技术出现问题
	在报告中可能会造成混淆
使用统计数据"插补"缺失值（后面会解释）	尽可能多地保留每个人的应答，这意味着每个问题的样本量都相同
	统计上更复杂
	可能很难向干系人解释
在下一次迭代中设计更好的调查	对当前这个数据集没有帮助

插补的意思是"用估计值替代"

假设你想知道数据集中某项数据的平均值，例如，回答者上个月的购买次数，但某个回答者（记为A）跳过了"年龄"问题。

如果因为缺少年龄数据而从数据集中删除了A的全部应答数据（就好像他从未接受过调查），你将失去A带来的变异。

例如，也许A比大多数人年轻，但他是一个相当热情的购买者。你将失去额外的变异。

> 插补意味着用基于数据集其余部分的估计值替换缺失的答案。

A的年龄与可能平均值相当接近，但你也可以通过在数据集中找到另一个有类似应答的受访者，以此获得更准确的估计。

要对年龄进行插补，可以采取以下做法：

- 使用年龄的众数（最多的年龄）
- 使用平均年龄（算术平均值）
- 使用从所有其他应答中选择的随机年龄
- 将有问题的应答与所有其他人的应答进行比较，找到尽可能接近的应答，然后使用匹配的的年龄

这些方法中的任何一个都会略微减少年龄的变异，但会保留A的其余应答，以便你可以使用整个数据集进行分析。

我自己试过插补法吗？没有！但如果我不提到它，就是我的疏忽。

如果决定尝试插入法，可以采取以下行动：

- 创建一个新列，包含所有插补值
- 比较使用和不使用插补值的分析结果，找出它们之间的差异
- 试着找一个知道如何做比较的人来帮助你

考虑代表性

回到第2章，我说过，回答者的代表性比回答者的数量更加重要。我希望你使用一两个问题来评估自己是否得到了想要的代表性样本。

现在是时候检查这些问题了。

以下示例来自一项针对研究人员的调查。客户有两个代表性问题：

- 职称
- 与研究相关的活动类型

通过比较这些问题的答案，我们可以看到，客户从用户体验人员那里得到了很好的应答，但是从研究者或市场研究人员那里只得到了少量应答。由于客户的主要关注点是用户体验研究，所以也没问题。但是报告其他受访者的最佳方式是什么？

在这个例子中，我建议客户排除用户体验研究人员以外的少数人的应答。考虑到最初的调查目标，他们接受了这项建议。

决定是否"加权"

如果客户的目标不同——也许是比较用户体验研究人员和市场研究人员的意见——我可能会选择对应答进行"加权":代表人数不足的群体获得更高的权重,代表人数过多的群体获得更低的权重。

> 对调查进行加权意味着根据代表性的比例为每个应答分配一个乘数。

如果你正在使用巨无霸调查,并想了解更多关于加权的信息,可尝试访问www.cessda.eu/Training/Training-Resources/Library/Data-Management-Expert-Guide/3.-Process/Weights-of-survey-data。

我主要从事轻触式调查。在这种调查中,迭代比尝试更复杂的统计过程(例如加权)更好。加权可能会有所帮助,但有时迭代会更有帮助。

例如,在针对研究人员的调查中,客户认为他们获得了足够的数据。但我相信,如果对抽样方法和邀请加以改进,将有助于我们在下一次调查中接触到更多的研究者和市场研究人员。

对回答者的取舍导致调整误差

评估代表性和是否加权(以及如果加权,使用什么乘数)并非易事,并且它们自己也会出错:

> 当你对使用谁的答案以及如何加权做出不完美的选择时,就会发生调整误差。

在图6.7的调查章鱼中,可以看到"做出应答的人"和"应答数据被采纳的人"之间的调整误差。

在我所做的各种调查中,调整误差并不是最让我担心的。我总是发现可以选择最简单的方式(删除缺少数据的条目,跳过加权)。但是为了说明的完整性,我必须包含更复杂的方式。

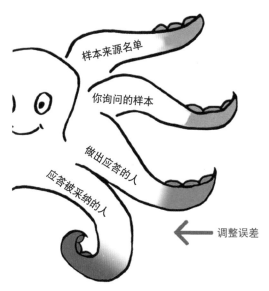

图 6.7
当你决定使用谁的答案时，就会发生调整误差

了解数字数据

就在此次调查之旅开始的时候，我们看了一眼"数字"，即调查的结果。调查方法学家将其称为调查统计。

现在你已经拥有了一个经过仔细清洗的数据集，是时候考虑使用这些答案了。我们将首先查看数字数据，然后处理在开放式答案中寻找主题的问题。

使用描述统计了解数据

我做过的几乎每一项调查都至少有一个问题会给出数字答案。我会首先考虑描述统计。我最常用的描述统计往往都是最简单的。

> n 是数据集的记录数
> 最小值（min）是某个答案的最小值
> 最大值（max）是某个答案的最大值

全距（range）是最大值减去最小值

众数（mode）是答案中出现最多的值

中位数（median）是中间值（将所有答案从小到大排列，中位数是位于中间那个的值）

平均数（mean）是答案的算术平均值（将它们全部相加并除以n）

最大值和最小值对于检查数据是否合理特别有用。真的有人有这么大（或这么小）的答案吗?

全距便于比较两个数据集，或者作为最大值和最小值的差距的缩写。

众数往往用于帮助做出决定：例如，为使用频次最高的客户提供良好的体验。

这里有一个来自会议数据集的例子。组织者想知道是否在会议宣传袋中包含来自他们城市的纪念品。我快速查看了数据，即每个参与者来自的城市。如图6.8和表6.4所示。

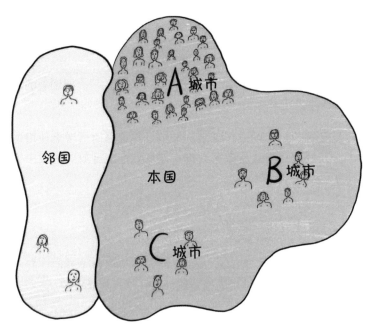

图6.8
参加会议的人所在位置

表6.4　参加会议的人所在位置

会议地点：A城市	59	（众数）
B城市	12	
C城市	5	
邻国	3	
（其他）	1	
（无回答）	15	

众数人群是？居然是来自会议城市的人！纪念品的想法失去了吸引力，相反，通过向位于会议所在城市的慈善机构捐款（这些慈善机构也在全国范围内开展活动），组织者取悦了这部分众数人群，同时也让来自其他两个城市的参会者产生好感。少数来自其他国家的参会者可以购买自己的纪念品！

在统计教科书或大学课程中，你不会听到太多关于众数的信息。这是因为尽管众数对于实际决定很有用，但它们并不具备方便的数学特性，不便于进行统计显著性检验。

中位数可能很方便，因为中位数不受少数极大值或极小值的影响——但是与众数一样，它们没有太多有用的数学特性。

平均值是统计学家最关注的一个，因为中心极限定理是许多统计检验的基础。

平均值对异常值非常敏感

不幸的是，平均值有一个很大的问题：它们很容易受异乎寻常的极端值的影响而失真。

什么是异乎寻常的极端值呢？有一个流行的统计故事说："比尔·盖茨走进一家酒吧，平均下来，酒吧里的所有人都成了百万富翁。"比尔·盖茨的财富相当多，以至于如果把它加到平均财富的任何计算，都会使平均财富飙升。

如果你的设计基于平均值，你可能是在做与大多数人不太相关的设计。

某些统计量告诉我们数据的分布情况

平均值、中位数和众数都是"对集中趋势的测量"——它们告诉你数据内部的情况。我们接下来要做的测量是关于数据的分散程度。

方差测量的是数值相对于平均值的分布情况。样本方差的计算方法是用每个数值减去平均值，对每个结果求平方，将所有结果加起来，然后将所得结果除以值的数量减1。

例如，如果我问一个关于年龄的问题，可能会得到57岁的平均值。计算出的方差可能是16，它表示为"年的平方"。平方的比较很棘手，所以人们通常使用标准差来代替方差：

标准差是方差的平方根。

取平方根让我们返回普通的年龄，所以对于我来说，我现在的平均年龄是57岁，标准差是4岁。

你以前可能遇到过正态分布，即许多测量中出现的钟形曲线。标准差告诉我们，曲线是聚拢的（如图6.9顶部曲线所示）还是散开的（如图6.9底部曲线所示）。

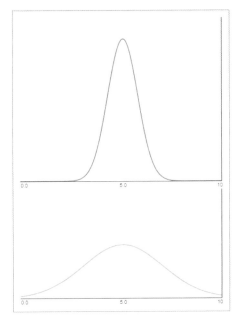

图6.9
顶部的正态分布的标准差比底部的要小

使用图表来了解数据

除了对数字数据进行描述统计外，最好将数据生成图表，以便查看它们是否具有正态分布形状或其他形状。这种方法是由图基（John Tukey）开创的，他写了一本书，书名为《探索性数据分析》，其中包括各种创造性的方法，比如可以只用钢笔和铅笔进行制图（Tukey，1977）

图6.10的安斯科姆四重奏（Anscombe，1973）解释了为什么要对数据进行图表转换。安斯科姆创建了4个数据集，它们拥有共同的描述统计量，如表6.5所示，但从图上看来却有不同的模式。

表6.5　安斯科姆四重奏的描述统计量

描述统计量	值
x的平均值	9
x的标准差	3.32
y的平均值	7.50
y的标准差	2.03
x和y的相关度	0.816

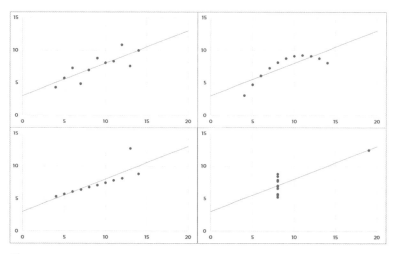

图6.10

安斯科姆四重奏：具有相同趋势和描述性数据的四个数据集

下方的两个图都包含离群值。

> 离群值是一个与其他数据明显不同的数据点。

离群值总是值得被调查。它们可能是真实但不常见的（存在这种可能），另一方面，它们可能是反映了数据收集和清洗过程中的某些错误（可悲的是，这种可能性更大）。

最近，凯诺（Alberto Cairo）构建了他的数据恐龙。图6.11中的两个数据集拥有相同的描述统计量，但这个图很明显就是在开玩笑。

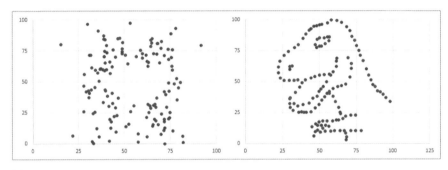

图6.11

左侧的分散数据集和右侧的数字恐龙拥有相同的描述统计量

我希望你已经相信将数据放入图表中是值得的。如果你觉得图表难以阅读（而且很多人都这样想），那么建议你找一个更熟悉图表的人来帮助你。

使用图表进行数据探索没有规则。我经常做下面两件事情。

- 将一个答案的数据放入几个不同的图表中。有没有出现什么模式？
- 将几个答案的数据互相比较，通常使用像数字恐龙那样的 x/y 图。有什么东西看起来很奇怪，或者有什么模式吗？

我虽然还没有发现恐龙，但是确实识别了很多离群值，并发现了很多分析想法。

在此阶段，不要担心图表是否有用，或者颜色选择是否糟糕。到处试试，看看能发现什么好玩的东西。例如，图6.12的两个图表来自我分析过的数据集中的一个问题。"无偏好"对我来说似乎相当大，当我查看条形图时，这个异常现象一下子出现在我面前；树图上的默认颜色恰好强调了选项"大的"最不吸引人，因此我想回过头来看看客户的目标，看看"大的"对他们来说是否特别重要。

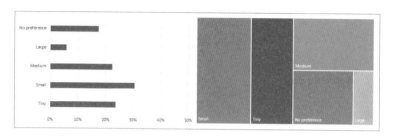

图6.12
关于"偏好大小"问题的两个图表：条形图和树状图

你可能还发现我的判断受到了图表软件偶然选择的颜色的影响。这是人类认知的消极方面：我们进化出了寻找模式的能力，包括那些并不存在的模式。这就是为什么我们需要回顾目标，并将它们与描述统计量进行比较。

使用比较法来了解数据

如果你设法将问卷简化为一个最关键问题和一个代表性问题，那么现在就是比较它们的好时机。

你的调查工具可能会提供一些"交叉表"来比较两个问题。Excel和谷歌表单调用的交叉表都是数据透视表。

我有下面几个小技巧。

- 将所有数据放在一个工作表中，第一行只包含列标题，下面的行包含数据
- 有时候数据透视表会莫名其妙地不起作用。尝试不同的行列组合，因为它们有时会突然恢复正常。
- 当数据透视表产生有用的数据后，我会将表中的值复制到单独的工作表。我发现这比下次需要时按照笔记重新创建表格要更容易

以下是对2019年AIGA设计普查数据(designcensus.org/)进行探索的例子。问卷中有两个我想探索的问题：

- "我在设计领域工作了："
- "我的年龄是："

我将这两个问题分别放在行和列中，如图6.13所示。我选择"我在设计领域工作了："作为计算值。

图6.13
利用Google表格的数据透视表编辑器比较年龄和设计工作年限

我得到的表格比这里展示的要宽得多。当我查看表格时，我惊讶地发现它前5列的年龄分别是0、1、5、14和16，如图6.14所示。我也注意到有一个人只有5岁，却声称有20年的设计经验；另一个人14岁，也有20年的设计经验。我决定排除16岁以下的人。

COUNTA of I've My age is:					
I've worked in de	0	1	5	14	16
1 - 4 years	2				
10 - 14 years	3				
15 - 20 years	2	1			
20+ years	9		1	1	
5 - 9 years	1				
Less than 1 year	1				1
Grand Total	**18**	**1**	**1**	**1**	**1**

图6.14
数据透视表结果让我能够对代表性进行思考

行和列的快速交换产生了表6.6，它非常方便用来思考代表性，所以我将它复制到一个新表中，并排除了号称16岁以下或100岁以上的人。我还将数据放入不的同档次，以便可以更轻松地检查人们是否拥有适合他们年龄的设计经验。我将1%以下的百分比替换为"-"，以便表格更容易阅读。

表 6.6　比较设计师的年龄和他们从事设计工作的年限

年龄	人数	"我在设计领域工作了："（不同应答的百分比）					
		不到 1年	1 ~ 4年	5 ~ 9年	10 ~ 14年	15 ~ 20年	20年 以上
16 ~ 19	44	-	-	-	-	-	-
20 ~ 29	3999	3%	23%	15%	1%	-	-
30 ~ 39	3146	-	3%	12%	13%	4%	-
40 ~ 49	1273	-	-	1%	2%	5%	5%
50 ~ 59	658	-	-	-	-	1%	6%
60 ~ 69	244	-	-	-	-	-	2%
70 ~ 79	38	-	-	-	-	-	-

我对这张表的解释是，在设计领域工作了1～4年的20多岁的人很容易成为最大的受访者群体，但该调查也确实收到了更大年龄设计师的相当多的应答，他们往往拥有更多经验。

然后，我单独查看了图6.15中的年龄分布图，以确保数据中没有任何奇怪的东西。

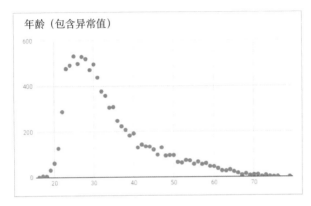

图6.15
2019设计普查的回答者的年龄情况

在开放式答案中寻找主题：编码

回到第4章。我们遇到了霍勒瑞斯在19世纪80年代发明的用于保存和处理人口普查数据的穿孔卡片。将答案从纸质问卷转移到卡片上的工作称为编码（图6.16）——这个术语最终转移到使用穿孔卡片对计算机进行编程，再后来用于编程本身。

（由WWW.CENSUS.GOV/HISTORY/IMG/HOLLERITHMACHINE.JPG提供）

图6.16
使用霍勒瑞斯机器进行编码

当年那些被称为人口普查员的访谈员会前往各地，在面对面访谈中提出问题。访谈员有一整套说明书（通常称为编码本），告诉他们在纸质访谈记录上针对每个问题写什么。例如：

"第9栏。是否单身、已婚、丧偶或离婚。'S'代表单身或未婚人士，'M'代表已婚，'Wd'代表寡妇（男人或女人），'D'代表离婚。"1900年人口普查：www.census.gov/programs-surveys/decennial-census/technical-documentation/questionnaires/1900/1900-instructions.html

对开放式答案进行编码，以便进行分析

如果你选择了纸质问卷或者面对面访谈，你将会发现，对答案进行编码比输入完整的真实语句要快得多。这个例子来自2015年的编码本（www2.census.gov/programs-surveys/cps/methodology/intman/CPS_Manual_April2015.pdf）：

（姓名/你）现在是已婚、丧偶、离婚、分居还是未婚？

1 已婚-配偶在一起
2 已婚-配偶不在一起
3 丧偶
4 离婚
5 分居
6 未婚

网络和电子调查工具的一个明显优势是它们已经为封闭式问题编码了答案。此示例来自对用户研究专家的调查。我们的问题是：

"你在做可用性测试时使用画中画视频吗？
（　）总是使用
（　）大多数时候使用
（　）偶尔使用
（　）从不使用
（　）其他（请注明）"

表6.7是从电子表格中摘录的28到32号受访者的部分答案。

表 6.7　关于使用画中画视频的调查问题的一些答案

受访者	做可用性测试时使用画中画视频吗?	PIPP 其他（请注明）
28	总是使用	
29	大多数时候使用	
30	其他（请注明）	如果我有这种能力，我会的
31	大多数时候使用	
32	从不使用	

第二列显示了调查工具提供的单选结果，其中30号受访者选择了其他并补充说："如果我有这种能力，我会的。"

所以这5项中的4项已经做好了编码，而"PIPP其他"列还有一些工作要做。

通过思考触手，为编码做准备

"为编码做准备"指的是回顾调查章鱼的触手，提醒自己在寻找什么。我在表6.8中比较了触手和活动。

表 6.8　为编码所做的准备活动

触手	我正在尝试做什么	活动
你问的问题（问题）	检查是否有太多"其他"答案，这可能意味着你问的问题不太准确	阅读答案，思考，也许需要迭代修改问卷
回答的人（样本）	弄清楚人们选择"其他"是否是因为他们不在定义人群中	阅读答案，思考，也许需要重新审视抽样决定
我这样做的原因（目标）	找到一种方法来使用开放式答案，以便帮助做出决定	编码时将目标牢记心中

编码准备的一个示例

让我们再来看看那个画中画的例子。

在可用性测试中，使用画中画视频的优势在于：研究人员，可能还有干系人，不但能看到参与者正在看的屏幕，还可以在屏幕旁边看到参与者的脸。这有助于他们理解参与者的评论和操作。缺点是：一些参与者可能会对视频感到尴尬，录制的是可识别的个人数据，这对隐私构成了明显的挑战，同时也意味着需要使用额外的技术。

我们只需要用户体验专家的答案，他们该领域的问题和技术拥有一定的经验。问题"你在做可用性测试时使用画中画视频吗？"就是其中一个用于考察代表性的问题。

对于这个问题，受访者中只有9人回答了"其他"。表6.9中第二列是他们在"画中画 - 其他"中的回答内容。

表 6.9 "PIPP 其他"的文字内容

受访者	PIPP（其他）
30	如果我有这种能力，我会的
43	我只在UserTesting.com上做研究，不使用画中画。我也不做其他主持型研究（moderated study）
76	我刚开始曾经用过，但是现在我的大部分研究都是非主持型（unmoderated），没有画中画
93	我们用2个屏幕分别显示用人脸和屏幕
109	如果面对面……是的，总是会用
117	如果可能就用，但工作性质并不总是允许这么做
136	当客户要求时（医疗卫生行业通常从不使用）
176	我使用连接到Marvel的Lookback来记录用户的表达
198	我没有，因为技术限制

当我阅读答案时，我认为每个人确实对画中画的想法和技术有一些

经验，因此把他们当作我正在寻找的特定人群的一部分。

因为这个问题是关于代表性的，而不是关于目标的，所以我决定将这些答案留在"其他"类中，不再对它们进行编码。

一些开放式答案只需要稍加组织

我们刚刚看到的答案是相对冗长的评论。有时，开放式的答案要短得多，只需要稍加组织。

这里有一个案例研究：一份主要针对居住在英国的人的调查问卷问了这样一个问题：

> 在英国之外，你住在哪个国家？

大多数答案很容易组织成一致的国家/地区名称。例如表6.10中的名称很容易编码为阿根廷。

表6.10 易于编码的答案示例

编码前	编码后
ARGENTINA right now	Argentina
Argentina.	Argentina
Argentine	Argentina

表6.11中的一些示例对编码提出了相对更大的挑战。

表 6.11 较难编码的答案示例

编码前	问题	编码后
加拿大、德国和西班牙	选择哪个国家？	多个国家
加拿大，原籍英国	可以忽略额外的评论吗？	加拿大
加泰罗尼亚	有人认为加泰罗尼亚是一个独立的国家，其他人认为它是西班牙的一部分	西班牙

还有一些答案，例如表6.12中的答案，表明人们会选择写一些完全不同的东西。

表6.12　与国家无关的答案示例

编码前	编码后
给我签证，让我和家人一起住在曼彻斯特	不是国家
我肯定需要到英国旅行，接下来，给我提供大力支持。	不是国家
在尊敬的先生面前谦卑地请求（后面还有一大段很长的请求）	不是国家

总之，这个问题一开始有2 000多个答案，其中有362个不同的答案。我们花了大约一个小时：

- 将所有简单的变体编码为一致的国家/地区名称
- 决定如何处理大约100个更难于编码的答案

最终，除了"英国"和"不是国家"，我们得到了162个不同的国家。

较长注释的编码策略

我的经验是，某些问题的答案很短（比如我们刚刚看到的"其他"选项），可以很快进行编码，但是一般的开放式问题（比如"还有什么评论吗？"）可以得到更长的答案，尤其是当问题提供了更大的输入框时（鼓励人们填写更多的文字）。有些人会长篇大论，这很可爱，但意味着要做更多的工作。

表6.13列出了我最常用的编码方法。

表6.13　编码方法集

方法	你要做什么	适合
轻触式编码	将所有评论发送给干系人	对调查真正感兴趣并希望努力阅读调查结果的干系人

续表

方法	你要做什么	适合
形容词编码	选择一个对应答进行概括的形容词	揭示"赞成"和"反对"情绪的总体水平
描述性编码	用一个词或一个短语总结评论的基本主题	探索或接受新的想法
任务区编码	将每条评论分配给负责此类工作的部门	确保及时跟进
原话编码	选择一小段受访者的原话，用于代表应答的整体情况	帮助干系人了解人们看待主题的方式，以及人们使用的词汇
暂定编码	在发布调查之前设置一个预定的初始代码表	支持或者反驳现有的想法或建议

欲了解更多详细信息及更多方法，请查看 *The Coding Manual for Qualitative Research* 一书（Saldaña，2013）。

如何使用电子表格进行编码

我经常自己编码。当我需要做比轻触式编码更密集的编码时，以下是我的做法。

术语"第一阶段编码"和"第二阶段编码"来自定性研究人员，因为此刻我们正在进行定性分析。

第一阶段编码

1. 为未编码答案创建一个列。将答案拷贝至该列。保持原始数据列不变以备日后查询。
2. 对电子表格按照未编码答案的字母顺序进行排序。
3. 阅读未编码答案，以获得关于编码的想法。
4. 为初始的两三个代码创建列。我通常以"不知道"和"不适用"作为我的前两个代码，以帮助我开始工作。
5. 如果未编码的答案与代码相匹配，我会将其移到该代码所在的列中；如果答案与2个或多个代码相匹配，我会将其拆分为多个相关的片段；如果只有部分答案与代码匹配，我会将该部分移至代码列中，其余部分保持未编码状态——这意味着未编码列正在逐渐清空。

6. 从第2步开始重复该过程，直到剩余的未处理答案足够少，可以将它们保留为"其他"并停止编码。

我发现，总体而言，相对于一次编码大量的代码，每次移动过程中处理不超过3个代码并重复排序的速度更快。

有很多其他方法也可以做到这一点。例如，你可能决定以其他方式对电子表格进行排序；或者在代码列中放入复选标记，而不是将未编码的答案移入其中；或者一次处理更多的代码；或者找到你喜欢的其他一些变体——这主要取决于哪种方式对你的数据样本有用，然后进行迭代。

第二阶段编码

当我将所有答案都放入一组初始代码中时，我会带着最初的研究目标批判地看待它们。这些代码是否帮助我获得了可以做出决定的数字？它们是否需要被进一步分组、汇总或划分？

通常，第二阶段编码花费的时间可能与第一阶段样长，因为你需要花时间批判地思考编码是否有用，并对其进行调整。

决定是否合并开放式答案

在PIPP示例中，你可能已经注意到有一个包含小的拼写错误的应答被我忽略了：

> 176 我使用连接到Marvel的Lookback来记录用户的表达

在较大的数据集中，不可避免地会有人在回答开放性问题时出现输入错误。这里有一个来自之前的AIGA设计普查的例子，这次时间是2017年。

访问http://designcensus2017.aiga.org/，那里有一个带有开放式答案的问题：

35. 现在，我无法停止收听：

不少设计师提到了一个设计播客，"99% invisible with Roman Mars"。以下是挑选出来的一些拼写错误：

> 99 present invisible
> 99% Invicible
> 99% indivisible.

就个人而言，我会忽略这些错误，将它们全部编码为"99%Invisible"，并这样报告它们。另一方面，有3个答案以"圣诞音乐"开头。

> 圣诞音乐 被迫的
> 圣诞音乐。现在是11月，你知道。
> 圣诞音乐。抱歉；我知道现在还没到感恩节！

如果我想计算收听材料的类型，我可能会将它们全部归结为"圣诞音乐"。但是，如果我觉得回答者的真实词汇很重要，希望进行原话编码，那么我肯定会保留准确的标点符号和拼写。

最重要的是，要以尊重的态度去思考其他人的答案——他们可能来自不同的文化或使用不同的英语方言，或者可能使用技术有困难，或者可能克服了身体残疾而为你提供答案。问问自己：

> "我代表那些准确回答的人尊重这些人的努力了吗？"

测试编码：让团队参与进来

如果作为团队成员，很容易将编码工作留给一个人做，但这样就会将所有应答信息都集中在一个人身上。

为了有效拆分工作，可以采取以下行动。

- 为每个人分配几个应答——可能每个人分配一打
- 如果他们不知道如何编码，对他们进行一些操作培训
- 每个人都对自己那部分应答进行编码

- 所有人对完成的工作进行比较
- 所有人共同决定一组通用代码（这是有趣的地方）
- 每个人再对一打应答进行编码，以确定是否可以坚持使用这些编码
- 全体成员一起对存在不同意见的地方达成妥协
- 将剩余的应答分给全体成员进行编码

这意味着编码会完成得更快，团队会有更多人真正了解数据，而且很可能他们会同意你下次调查较小样本的建议。

如果你想再搞得花哨一些，还可以计算评分者信度：

> **评分者信度**是指编码团队的每个成员对每个应答进行编码的一致性程度。

如果有一个一次性调查，其数据集相对较小，可以让每个人都对一组相同的应答进行编码，然后检查他们意见一致的程度。

对于大型数据集或者更频繁的过程，可能更愿意将其全部拆分。一种方法是随机分配，让每个条目都由两个人查看，但每个人得到的条目组合是不同的，然后检查编码差异。还可以选择自己认为合理的任何方法。

考虑为大型连续数据集使用CAQDAS

如果常做的调查问卷会得到冗长的答案，那么你可能希望了解CAQDAS（计算机辅助定性数据分析软件，一组软件的统称）。

CAQDAS工具提供了多种方法来进行比电子表格（我前面提到过）更复杂的编码。

几年前，我曾经尝试涉足一些工具，但是被残酷的学习曲线打败了。对我来说，在任何特定项目中使用普通电子表格的性价比总是更高。而且，我重复做相同分析的次数也不是太多，因而无法证明努力学习CAQDAS工具的合理性。

但也许现在这些工具更容易了，或者你会比我更经常需要用它们，或者你发现诸如多用户分析这样的事情对你来说很重要，值得学习使用CAQDAS工具。

英国萨里大学的CAQDAS项目描述了可以在CAQDAS工具中寻找什么并对主要工具进行了评估：www.surrey.ac.uk/computer-assistant-qualitative-data-analysis/support/choosing。

尝试情绪分析，但要保持怀疑

如果目标是找出回答者对某事的评价是正面还是负面，那么可以尝试使用众多的"情绪分析"工具之一来发表评论。这些工具从免费到付费有各种价位，其中一些专注于社交媒体评论，另一些则接受输入的任何文本。

我还没有尝试过付费服务。一些免费服务的结果令人失望。他们给我一个整体分数，但通过阅读评论，我对情绪有了更好的想法。

如果可以使用情绪分析工具，不妨尝试一下，但同时也要确保自己也阅读了评论。

尝试词云，但要保持怀疑

将一组评论可视化的最简单方法就是将它们放入词云（也称标签云）创建工具中。这些工具出现又消失，所以可能唯一耗时的地方就是找到一个仍然有效的工具，即搜索标签云生成器或者词云。

我找到了一个词云生成器，并尝试对之前查看的AIGA数据集中的35题"现在，我无法停止收听："的答案进行分析。我得到了如图6.17所示的词云。

Christmas
voice voices Hip
Now
Radio American Nothing podcasts
station Swift Black Brand
know playlists Future sound
Invisible Live audio feat
work new kids YouTube
Pop Everything
Weekly Anything La Things head Tom
silence Man Game songs
Creative Life Go Ed House
Pandora Moon Jazz Bad news Show
Little Hamilton St old Millman
people podcast NPR Soul
Taylor song Joe
like White Night Dead Chris John Smith
Metal Punk One hop Sam
All Big Love Matters Rock
playlist Debbie about Good
Band Day Sorry Discover
Spotify album books music
Daily Mix Death Mind
Stranger Talk soundtracks
Queens Audiobooks
Design soundtrack

图 6.17
设计师在 2017 年收听
的东西构成的词云

总共用时：10 分钟。值得吗？我的经验是，通常不值得，但如果我事先做了一些形容词编码，就很容易得到一些有对比性的词云——也许包含"正面的"和"负面的"词汇。

应答可能会有哪些问题

当你处理应答时，需要考虑两个触手，如图 6.18 所示："应答数据被采纳的人使用的人"（右）和"你得到的答案"（左）。

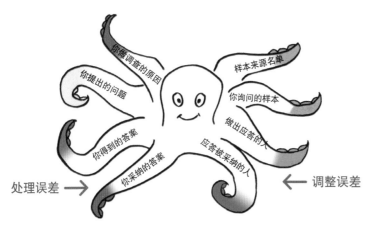

图 6.18
应答章节包含两个触手，有两个误差

问题：调整误差

在本章开始时，我们花了很多时间考虑是否包括或排除每个人的应答，以及如何加权。这些决定最终会对调查的整体结果产生很大影响，因此他们自己产生了一个误差。

> 当你对包括谁的应答以及如何加权做出不完美的选择时，就会发生调整误差。

调整误差是从事全国重要性调查（例如十年一次的人口普查）的调查方法学家们的主要关注点，但我们大多数人无须过多担心。

问题：处理误差

调查章鱼左侧匹配的触手是"你得到的答案"，它与查看单个问题的答案有关。

很久以前，这条触手是一个相当大的障碍，因为在将书面答案转化为适合分析的内容的艰苦过程中，有很多的机会悄悄产生错误——主要是大量繁烦的打字。

如果选择了电子模式，那么回答者很可能已经为你完成了打字工作。但意外的是，正如你在数据清洗时发现的那样，他们也会犯打字错误，也可能会误解问题，并且做出我们在数据清洗时必须解决的所有其他有趣的事情。

另外，还记得我求你们保存日志并经常备份吗？正如我所提到的，最困扰我的错误是弄乱了电子表格，以至于浪费了我几小时的工作。

最后，关于如何处理离群值，以及如何编码非数字答案的决定也可能存在问题。这就给我们带来了处理误差。

> **处理误差**包括在清洗数据和计算最终结果时所犯的所有错误，但不包括在调整误差中所犯的错误。

小结

调查过程即将结束。你已经解决了调查章鱼除一个触手外的全部触手，并且已经尽最大努力控制了所有这些不同类型的误差。

你已经有了一个高质量的数据集和一个说明为什么要收集数据的明确目标。并且，你已经获得了一些数字，无论是这些数字是直接来自调查还是通过创建交叉表获得。

现在只剩下一件事需要解决：将这些数字转化为决定。这就是我们将在下一章中做的事情。

同时，还有一个专题聚焦。我将重点专注于如何创建好的图表。

专题聚焦I 好的图表容易理解并且诚实

在上一章中，我们看到可以通过图表了解数据。那些图表是给你用的，如果它们对其他人没有任何意义，也没关系。

本专题聚焦要讲的是用于交流数据的图表。

我认为好的图表应该具备以下属性：

- 诚实
- 容易理解，包括弱视人士或者有色盲的人
- 正确标注
- 有明确的信息
- 对将要阅读它的人有用

同时也不要忘记下面这一点：

- 为图表阅读困难者或使用辅助技术（无法处理图表）的人提供替代的数字表达方式。

让我们来看看几个糟糕的图表，并思考如何将它们变成的良好的图表。

不要使用三维图表

避免使用三维图表。它们会扭曲数据，并增加不必要的视觉干扰。

这里有一个糟糕的示例图表，来自用户体验会议参会者的职位数据。我想展示职位名称中包含"用户体验设计师"的人（他们也称自己是"高级设计师"或者"经理"）所占的比例。在图I.1的三维饼图中，背面的切片看起来比实际要小，所以给人的印象是这2个切片大致相等，加起来刚好超过所有设计师的四分之一。

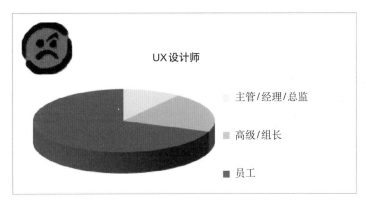

图I.1

三维饼图让背面看起来比实际要小

避免使用三维图表的规则也适用于条形图、柱形图和面积图。当你尝试在三个轴上显示数据时,我勉强可以接受三维图表。但即便如此,该图表可能也难以解释。

图I.2中的二维图表具有完全相同的数据。图表显示,高级用户体验设计师的数量大约是经理的2倍,加起来不到用户体验设计师的1/3。

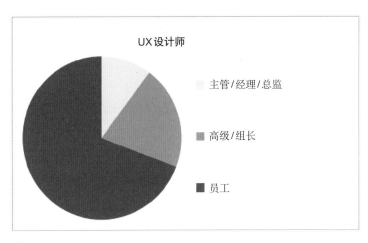

图I.2

二维饼图更容易准确显示比例

如果我在图表中添加标签(图I.3),结果会变得更好还是会增加视觉干扰?加不加标签取决于我认为图表的读者想要的数字精度。

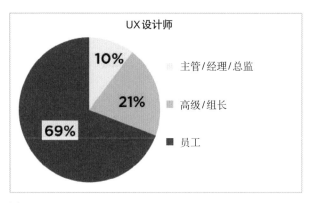

图 I.3

带标签的二维饼图增加了精度，代价是同时增加了视觉干扰

当然，我们还为那些难以阅读图表的人提供额外的表格，如 I.1 所示。

表 I.1 职位名称包含"用户体验设计师"的人的比例

主管/经理/总监	10%
高级/组长	21%
员工	69%

有时候，简单的饼图就好

我选择了二维饼图，因为我只有少量的切片，并且想要一个简单的比较。

不幸的是，饼图很容易被搞砸。如果不想让自己的饼图出现在许多专门讨论失败饼图的博客中，请遵循以下规则：

- 一个饼图内最多有 6 个切片
- 确保切片之间彼此有明显区分（没有相似的类别）
- 切片必须适用于有色弱和色高或以黑白方式查看图表的人
- 最后，还要再三强调，不要使用三维图表如果有很多较小的分类，可以尝试将它们合并为"所有其他"切片，以保持切片数量最多不超过6个。但我会优先考虑使用其他图表。

避免花哨的图表

大多数电子表格的程序会提供一些用起来可能很有趣的图表，但它们不适合最终阅读图表的人。

例如，对于职位名称数据集，我尝试了如图I.4所示的"同心圆环图"。如果每天都使用同心圆环图，它可能会告诉你一些事情，但是这个图对我来说只会造成困惑。

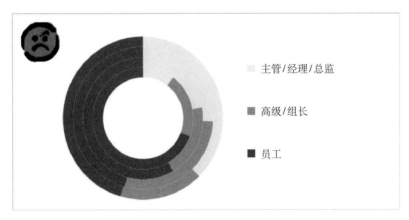

图I.4
同心圆环图不适合我

我主要使用两种类型的柱形图

就个人而言，我几乎总是使用2种类型的柱形图：簇状柱形图和百分比堆积柱形图。

例如，在图I.5中，我尝试展示一个3×4的比较（职位名称的3个等级对应4种工作领域），使用簇状柱形图进行呈现。

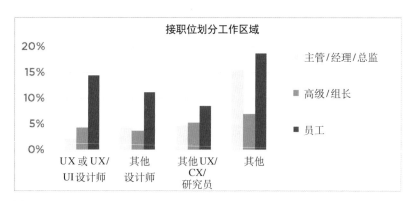

图 I.5
簇状柱形图

在查看图表时,我发现"总监"级的人在"其他"工作领域中的数量要多得多,而在"UX 或 UX/UI 设计师"工作领域中几乎没有。你可能会发现一些不一样的东西或什么都没发现。

百分比累积柱形图可能不太熟悉。它比较了某个类别中的各项占比——在本例中,指的是 4 个职位名称的各等级占比,如图 I.6 所示。

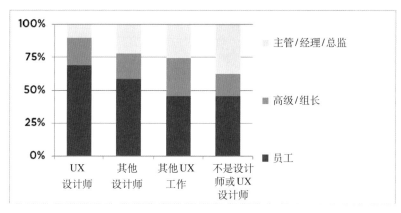

图 I.6
累积百分比图便于比较不同类型

条形图是翻转的柱形图

在刚刚看过的柱形图中,你可能已经注意到,当标签堆积在柱子下面时,阅读效果可能会很差。

条形图是柱形图的近亲，它将垂直柱换成了水平条。这为标签提供了更多的水平空间，如图I.7所示。

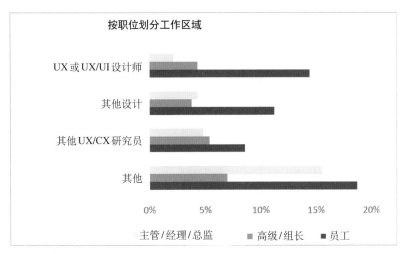

图I.7
当类别标签较长时，条形图可以更好地工作

条形图和柱形图同样有用。我对柱形图有所偏爱，原因是干系人更容易将"向上"理解为"更多"。

专注于数据中的信息

当我试验各种图表时，很容易陷入试图展示数据内容的想法中去，而忘记我的目标是帮助干系人做出决定。

对于这个数据集，我的干系人是用户体验会议的组织者和演讲者。于是我更努力地思考了他们对什么感兴趣，以及我从数据中学到了什么。他们正在计划明年的会议，最想知道下面几点：

- 我们可以预计听众具有什么样的用户体验知识水平？
- 听众更有可能在做用户体验工作还是在管理用户体验？

对于"用户体验知识水平"，最接近的估计是，假如人们的职位名称中有"用户体验"这几个字，他们就会对用户体验有所了解。这种做法并不理想，但有时我们必须使用已有的数据并进行迭代调查。

所以，我选择了更简单的分类方法：所有含有用户体验主题的职位名称都属于一个类别，而其他职位名称则属于另一个类别。

我最终得到的图表如图I.8所示，它显示大约1/3的参会者拥有一个用户体验职位名称。但如果他们确实拥有该名称，则更有可能从事这项工作而不是管理它。在探索了所有这些不同的图表类型后，我重新选择了柱形图的变体。

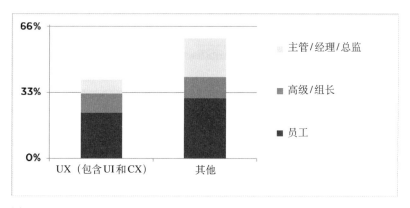

图I.8

柱形图显示，大约1/3的参与者拥有UX/UI/CX职位名称

当然，这里也为那些不喜欢图表的人（无论出于什么原因）提供了一个表格（表I.2）。

%总人数	UX（包含UI和CX）	其他
工作人员	23%	30%
高级/组长	10%	11%
主管/经理/总监	7%	20%

消除图表中的视觉混乱

根据你使用的电子表格或制图程序，你会发现在默认选项下图表会出现不同程度的视觉混乱。图I.9 显示了上一个图表在Excel默认显示的样子。

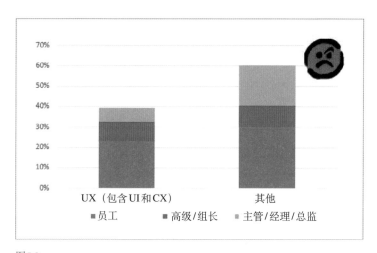

图 I.9

上一个图表在Excel中默认显示的样子

也许你更喜欢上面这个图表,但是我做了下面几个决定:

- 更改纵坐标。默认值是从0%到70%,而我选择了33%和66%,以便更清楚地表明其中一个柱子刚好超过数据的1/3,而另一个柱子接近2/3
- 字体大小增加了很多
- 将图例从列标签的位置移走
- 更改了配色方案,使其适合单色显示,从而便于使用非彩色设备的人或者看不到所有颜色的人阅读本书

对于其他图表,你可能还有以下考虑:

- 减少小数位数(不要声称拥有数据不支持的精度) ■

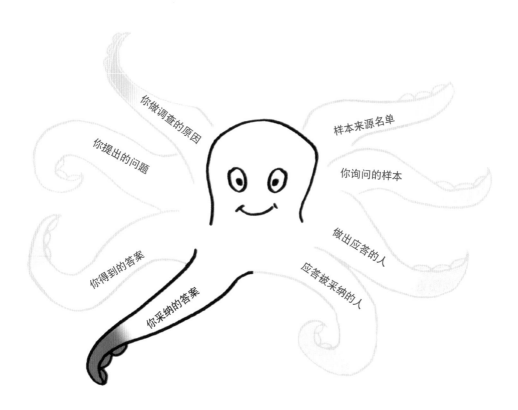

你做调查的原因

样本来源名单

你提出的问题

你询问的样本

做出应答的人

你得到的答案

应答被采纳的人

你采纳的答案

第7章

报告：向决策者展示结果

你已经完成了所有艰苦的工作，确保了已将应答转化为可靠的数据。

如果一个人负责所有事情，包括根据调查结果做出最终决定（采取什么行动），那么事情到这儿就结束了。

如果是为其他人的决定做调查，或者虽然是你做决策，但是必须让其他人相信你的决策是正确的，那么你肯定得报告或展示调查中学到的东西。这就是我们在本章将要看到的内容。

本章的主要触手是"你将使用的答案"，以及"你做调查的原因"（从第1章开始）。

从数字的角度，想想自己都学到了什么

让我们再考虑考虑数字，这次从将数字转化为决定的角度来思考。在第1章中，我们也思考了想要的数字类型——比方说它可能纯粹是一个数字、全距、均值、中位数或者众数。

当你报告的数字完全与调查应答中的数据有关时，它就被称为描述统计：

> 描述统计是对调查答复中的数据的陈述。

如果询问每个人都得到回答，那么你的数据和定义人群之间就是完全匹配的，所以没什么可推断的。但是在现实生活中，完全匹配是非常罕见的，因此假设必须考虑推断统计：

> 推断统计是根据调查应答中的数据对定义人群做出的陈述。

推断统计并不一定要很复杂。我最爱的推断统计之一是百分比。下面是一个典型的描述统计：

> "78个回答者中有54人更喜欢XYZ。"

如果我将其更改如下：

> "69%的回答者更喜欢XYZ。"

那么它仍然是一个描述统计。但是当它变为：

"69%的人更喜欢XYZ"时

它就变成了一个推断统计，因为我已经从描述我的样本转向对（我们希望的）定义人群甚至普通人（如果我不提供背景的话）提出断言。

我的断言非常明确。考虑到样本量，它可能过于乐观。如果我有理由相信已经适当处理了调查章鱼中的问题，并使用了随机抽样方法，那么我就可以生成一个具有置信区间（通常为95%）的推断统计：

"69% ± 0.1% 的人更喜欢XYZ"

我也可能会选择关注少数人（仔细翻转问题以保留所问的措辞，同时置信区间保持不变）：

"31% ± 0.1% 的人并没有更喜欢XYZ"

以上哪种方法更适合你的报告和决定？我不知道。但是我相信你会知道，因为你已经在"目标"章节中正确地完成了工作（参见第1章）。专注于目标，你会没事的。

考虑观点的强度和方向

回到第2章中，考虑了如果情绪强烈的人碰巧更有可能做出反应，那么应答区可能会发生什么情况，如图7.1所示。

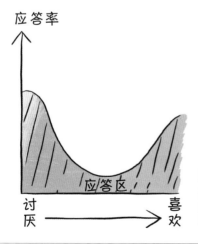

应答率

讨厌　　　　　　　喜欢

应答区

图7.1
当情绪强烈的人更有可能
应答时，可能会出现这种
应答区

现在，你需要认真考虑众数和平均数。观察这个草图，你会发现平均反应正好处于中间——两个大致相等的极端峰值在某种程度上相互平衡。对于众数来说，该草图有两种可能性：一种位于"讨厌"区，另一种位于"喜欢"区。

当你查看数据时，考虑是否需要一份拆分报告：

> **拆分报告** 不但反映总体大多数的观点，还反映了一个或多个强大的少数人的观点。

我曾经为一个专业组织做过是否提供认证方案的调查。大多数人明确地表示支持（但没有强烈的情绪），但是少数反对者强烈地表示反对。这个明显的例子说明需要对报告进行拆分。

对开放式答案，避免"摘樱桃"

相比调查，我们中许多人对定性研究感觉更舒服。在定性研究中，来自少数受访者的故事是我们工作的精髓。确实，生动的评论可以让你的报告或演示文稿焕然一新。

这意味着从调查数据中选择洞察时，可能会陷入"摘樱桃"陷阱，尤其是在处理应答时投入大量精力对答案进行编码的时候。

> **摘樱桃** 是指只报告少量评论，而不关注包括数字结果在内的整体应答。

所以呢，要多看数字。大多数受访者只是回答问题，他们不会为你写短文。

在第6章中，我解释了如何在用户研究人员调查中处理有关PIPP的编码问题：

- 9个人在答案中选择了带开放式文本的"其他"选项
- 191个人选择了从"总是"到"从不"的频次选项之一

在大多数人选择频次选项，并且我们知道小部分人选择"其他"选项有合理理由的情况下，我们决定，可以安全地使用191个应答继续我们的分析。

决定发布什么消息以及何时发布

如果成功地将自己限定于轻触式调查，那么你将只需要询问最关键问题和最少量代表性的问题。所以，你可以将调查结果告诉所有人。

如果最终做的更像是一个巨无霸调查，那么你将付出很多的努力才能完成调查。你可能会忍不住想要将所有发现告诉所有人（图7.2）。不要这样做。

图7.2
在报告中包含所有内容真的很重要吗?

让我们回到你的目标。你希望干系人从调查中获得哪些最重要的洞察？保持报告的聚焦（这通常意味着简短）将帮助他们做出与你一直以来的目标相一致的决定。

其他需要考虑的事情如下:

- 用坏消息让人们感到意外从来都不是一个好主意　假设在收到应答数据后立即开始分析，你可能希望尽早提醒干系人注意一些大标题
- 保持对调查进度的控制　你可能会花费很长时间来清理应答数据集并制作一份精美的演示文稿，以至于错过做出决定的时刻
- 结果有一些差距是可以接受的　宁可"需要更多工作"，也不要拖延交付

这里有一个如何处理"数据不足"的例子。我和英国招聘公司Zebra People的科克伦（Nick Cochrane）一起进行调查，当时遇到了这个问题。他的目标是为客户创建一份报告，将自由职业者的价格与Zebra People关注的一系列空缺职位的固定工资进行比较。

总的来说，我们的应答率很高，他想要的所有200个类别几乎都有可靠的数据。但也有一些类别中只有少数几个应答。我们认为，对于如此小的样本，将数字转换为平均值或中位数是不可靠的。

于是，我们决定在报告中承认这个问题（如图7.3中的例子），藉此创造了一个与报告的目标人群（希望填补职位空缺的雇主和希望换工作的人）直接对话的机会

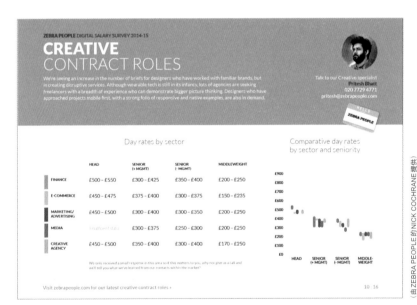

（由ZEBRA PEOPLE的NICK COCHRANE提供）

图7.3
Zebra People：不同行业的项目管理职位工资报告

决定使用什么格式进行发布

当我们准备发布一项研究成果时，大多数人都会本能地使用自己熟悉的字处理软件或演示设计程序。

在开始着手准备报告或演示文稿前，这里有一些其他想法可供参考，如表7.1所示。

表7.1　关于结果报告的其他一些想法

想法	笔记	适用于
周报	一个非常简短的公告：你可以利用电子邮件列表、内网页面，或者你所在组织的消息服务上的一个频道来发布结果	频繁的、迭代的轻触式调查
海报	专注于以数字作为关键结果。尽量减少其他文字。通篇使用大号字体，以便人们可以从远处轻松阅读你的海报	学术受众，或者向大型组织提供洞察
信息图	与海报一样，要精心选择信息图包含的细节——它不是报告图7.4中有一个例子	对几个相互关联的关键数字进行总结
贴纸或T恤	设计师哈姆内特（Katharine Hamnett）在1984年会见时任首相撒切尔夫人时，穿着一件T恤，上面写着"58%的人不想要潘兴导弹"，从而在英国声名鹊起	在简洁的短语中包含单一数字，以吸引眼球的方式传递一个最关键问题的答案

（由Local Welcome的EFE HARUT提供）

图7.4

哈鲁特（Efe Harut）创建的这个信息图传达了英国慈善机构Local Welcome所做的调查结果

以断言/证据格式展示幻灯片

我打算先关注一下幻灯片中提供的结果。

我经常看到如图7.5所示的幻灯片结构，其中包含一个主题（只是一个名词），然后是几个副主题（通常只是名词和几个形容词）。据我回忆，这是微软PowerPoint在1990年推出时提供的默认设置，至今仍大受欢迎。

Topic
- Subtopic first subtopic
- Subtopic second subtopic
- Subtopic third subtopic
- Yet another subtopic

About us
- Best known for our great product range
- Founded in 1995
- Consistently achieve 95% customer satisfaction or better every year since 2005
- Our value proposition is customer service

图 7.5
主题/副主题幻灯片和一个示例

不要那样做。

用断言/证据格式（Garner，Alley et al.，2009）代替

> **断言/证据格式**的要点是每张幻灯片包含一个完整句子，并由可选的细节或证据提供进一步的支持。

断言/证据格式（图7.6）迫使你用一句话思考和表达每张幻灯片的要点（"断言"）。在我的示例中，我添加了一个句子来强调幻灯片的要点。下面的"证据"可以是列举要点，也可以是其他内容，如图像、表格、图表甚至视频。

如果你不能为幻灯片创建一个单独的句子，可以有下面两个选择：

- 将幻灯片拆分为单独的要点，使每张幻灯片包含一个断言摘要
- 完全放弃该幻灯片

当你将所有幻灯片改写成断言/证据格式后，可以使用一个非常棒的提示。该提示是我从 *Eye Tracking the User Experience: A Practical*

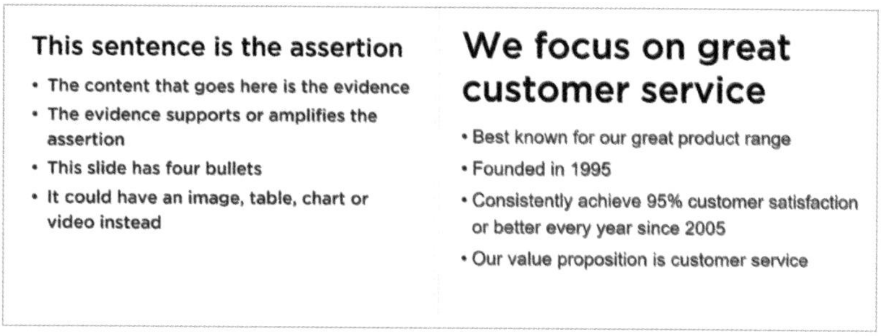

图 7.6

断言/证据幻灯片的布局（左）和一个包含句子和要点列举的示例（右）

Guide to Research 一书（Bojko，2013）的作者博伊科（Aga Bojko）那里得到的，他说：

> "创建一个包含所有幻灯片标题的文档。检查它是否讲述了演示文稿的故事。"

断言/证据格式还有下面几个含义：

- 没有参加你的演示的人可以稍后查看幻灯片了解所有要点
- 如果你因为紧急情况或技术问题而无法亲自演示幻灯片，可以请其他人代为演示，并且确信他们已经涵盖了所有要点
- 即使有人无法看到或者理解图表或其他图像，他们也不会错过幻灯片的要点，因为要点就包含在断言中

在发现断言/证据格式前，我用了很久的主题/副主题格式。所以，我花了一段时间才习惯为每张幻灯片撰写断言，但现在我不会再以任何其他方式进行演示了。

以断言/证据格式撰写文档

当我成为在幻灯片中使用断言/证据格式的狂热爱好者之后，我逐渐意识到，可以用类似的方式撰写文档，尤其是报告。

你有没有注意到这本书的大部分标题都是完整的句子？看看目录，你会发现关键点都在那里。

我承认这确实需要练习。如果你所在的组织有特定的报告风格，那么让他们接受用完整的句子作为标题可能需要一些努力。我曾尝试将完整的句子作为较低级别的标题，以便让同事们熟悉这个想法。

为大多数演示文稿选择"倒金字塔"

关于演示文稿的整体流程，可以使用以下典型样式（表7.2）：

- 倒金字塔
- 方法论优先
- 演示之禅

表7.2　每种演示风格的支持和不支持的情况

风格	适合	不适合
倒金字塔	对最重要信息给予最大的关注	如果结果令人惊讶，你可能会面临该方法的挑战
方法论优先	建立对方法论的信心	忙碌的读者可能会因为该方法太过无聊而无法获得结果
演示之禅	非常适合发布引人注目的信息	对于不在演示现场的人，可能没有多大用处

倒金字塔是一种新闻风格，从最重要的信息开始，然后用额外的细节来支持它。倒金字塔也很适合在附录中放置额外的细节。它也被称为执行摘要。

方法论优先是许多科学论文的传统风格。他们从所做的事情开始，然后继续介绍他们的发现。这个过程会招致对你的方法论的批评，但它也可以让人们相信你的发现是基于良好的过程。

"演讲之禅"是由演示设计师雷诺兹（Garr Reynolds）创造的一个术语（Reynolds，2012）。这种风格有一系列引人入胜的图像，可能还附带几句话，为强有力的发言提供令人愉悦的背景。幻灯片在不能脱离演讲者而存在，因此如果你选择这种风格，务必录制你的演讲内容并提供演讲稿，以方便那些当时不在场的人使用。

有很多方法可以显示相同的结果

以下是相同数据的不同呈现，具体取决于你的调查目标。它改编自真实调查的一个问题，但是我编造了数据。

1. 给他们看数据

本例的格式是：问题在顶部，实际数据显示在表格中，没有进一步的解释（图7.7）。

包括自己在内，通常有多少成年人会阅读或浏览你的杂志？

选择	应答数
1个	434
2个	190
3个	39
4个	8
5个	0
6个及以上	5

图7.7
给他们看数据

最适合以下对象和用途：

- 想查看所有数据的人
- 当做一个快速参考，以便稍后查看
- 当做确切问题的一个记录
- 从一个相对简单问题出发，分享结果

2. 将数据放入断言／证据格式

正如你所看到的那样，我热衷于带有单个句子的断言／证据格式，该格式包含了幻灯片的要点和支持性的证据。

假设决定者最感兴趣的是人们是否分享他们的杂志。在图7.8中，我将数据转换为不分享的受访者（只看杂志）和分享的受访者，然后将原始数据转换为百分比。

我们的 **676** 名受访者中有大约 **1/3** 的人分享了他们的杂志	
成年人	
不分享	65%
分享给1个人	28%
分享给2个人	6%
分享给3个人	1&
分享给4个人	-
分享给5个人及以上	小于1%

图7.8
用断言／证据格
式展示数据

最适合以下人士：

- 想看主要解释和支持性数据的人

3. 专注主要信息

图7.9的版本合并了所有较小类别中的数据。现在，我有3个类别，符合饼图最多包含6个类别的要求。

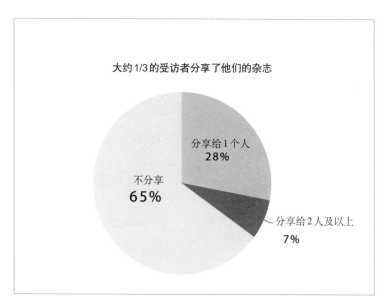

图7.9
带有饼图的断言/证据格式

最适于以下人士：

- 匆忙的干系人，他们通常喜欢少量数据

4. 事件前后比较

以上3个版本几乎是我对单一问题的数据所能做的所有事情。

假设我一直在为一个客户工作，该客户有一个名为"分享乐趣"的活动，我在活动前后使用调查来评估活动影响。

在图7.10中，我更改了断言以匹配调查的目标，并且放弃了饼图，因为很难比较两个饼图。

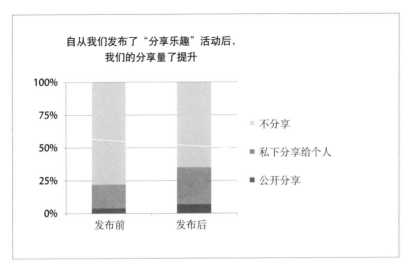

图 7.10
带有比较条形图的断言 / 证据

最适合以下人士：

- 比较前后数据

5. 比较调查结果

另一种类型的调查可能关注哪些年龄组最可能分享他们的杂志。该调查没有比较活动前后的变化，而是问了两个问题：其中一个之前已经看过，另一个问题是年龄。

根据该调查做出的决定是"客户是否应该针对特定年龄段开展分享活动？"

在图 7.11 中，我按照年龄进行比较。

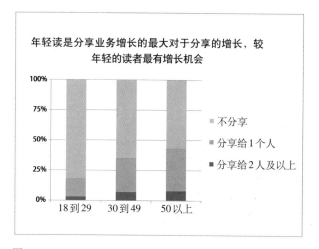

图 7.11
断言 / 证据和调查内条形图

最适于以下情形和对象：

- 明确决定依据
- 喜欢看到建议背后数字的干系人

6. 用引人入胜的图像引出关键点

有时，希望让干系人专注于决定。你已经从调查中获得了可靠的数据，如果他们需要，随时可以提供这些数据。

本例中的版本使用与断言相关的、令人难忘的图像来支持关键断言。

这里的困难在于选择图像。它必须是强大的、准确的和相关的。我在图 7.12 中使用的图像可能会向干系人传递"年轻人喜欢阅读杂志"，或者"这个组织过于关注男性"的意向。

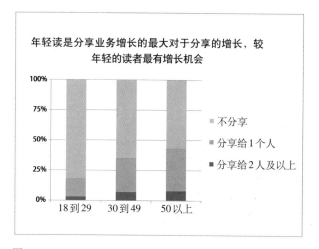

图 7.12
带有引人注目的图像的断言

最适于以下情形：

● 面对面演示，同时单独提供支持性的数据

可以对报告做同样的事情

你可以决定以多种格式报告调查结果。

例如，ARK 是北爱尔兰的一家研究机构。自 2008 年以来，他们每年对 P7 儿童进行一次调查——相当于美国的 5 年级，孩子年龄大约在 10 到 11 岁之间。2018 年，他们的问题与学习除英语和爱尔兰语之外的语言有关，包括下面这个：

> LANGLRN：你学习哪种语言？

可使用缩写的问题名称"LANGLRN"下载原始数据，网址为 www.ark.ac.uk/klt/datasets/。

还可以在网络上查看每个问题的数据。图 7.13 中有一个示例。

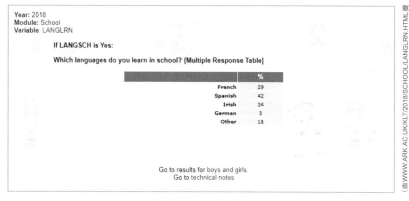

图 7.13

2018 年 LANGLRN 问题汇总表

或者，你可能会喜欢同样的结果用儿童自己的结果摘要显示，如图 7.14 所示。

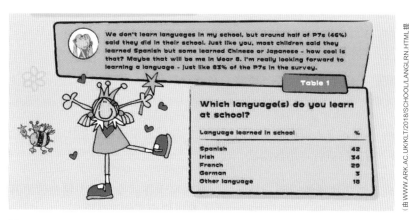

图 7.14

儿童的 LANGLRN 问题

最好的洞察，来自多管齐下

回到"目标"章节，我在图 7.15 中谈到了选择正确方法的矩阵。

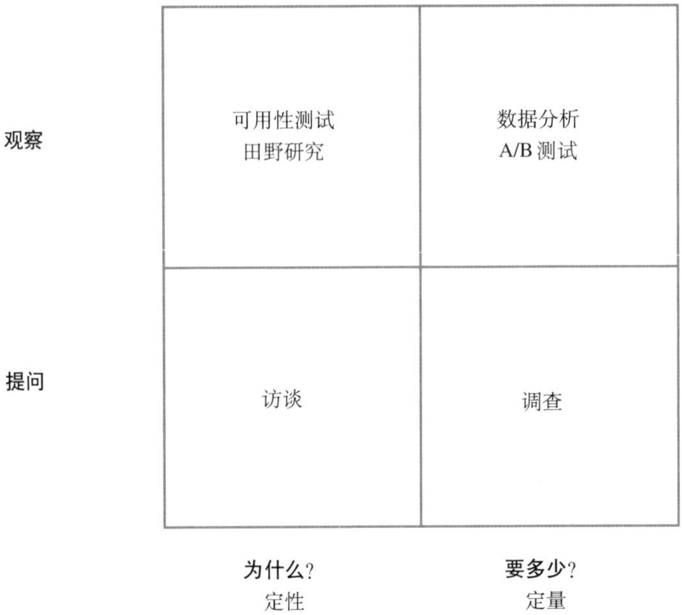

	观察	可用性测试 田野研究	数据分析 A/B 测试
	提问	访谈	调查
		为什么? 定性	**要多少?** 定量

图 7.15
用于选择正确方法的矩阵

我们已经走过了很长一段路。在调查过程中,我们至少使用了 2 种方法:

- 访谈定义人群中的人,以了解他们的紧急话题可能是什么
- 对问卷进行可用性测试

现在是快速提醒时间:最好的洞察来自于在问卷调查中结合使用其他方法。所以,试着用其他方法看看还能得到什么结果。

例如,假设你一直在询问人们你的网站对他们是否有用,那么你有没有通过网站数据分析来比较网站的哪些区域真正被使用?

如果你一直在询问顾客他们为什么要注册用户,那么可以看看转化率吗?正如你在图 7.16 中所见,调查是我们的用户体验工具箱中的系列工具之一,其他工具还包括可用性测试、访谈等。

图 7.16
调查只是工具箱中的一个工具

我之前提过 Local Welcome 的信息图，现在我们再来看看它（图7.17），看看设计师哈鲁特（Efe Harut）是如何使用各种资源的。在图的左侧，你会看到参加慈善活动的人们的照片以及活动地点的地图。图的中上部多角度呈现了与活动有关的关键事实（来自该慈善机构拥有的其他数据）。在图的中下部，有一些从调查的代表性问题中获得的数字——也与其他数据进行了交叉比对。最后，图的右侧是最关键问题的答案，采用精心挑选的"用户原话"展示典型的评论。

LOCAL WELCOME

Locations:

Birmingham

Belfast

Cardiff

Derby

Glasgow

Liverpool

Thornton Heath

Wakefield

104 leaders recruited

676 member tickets

720 guest tickets

3,038 mailing list sign-ups

60 meals in 8 cities

2,894 hours of social contact

Income 2019:

£1,872 leader income

£1,991 member income

£1,230 monthly income (October)

Leaders and members:

25% 18-35

35% 36-55

40% 55+

88% women

12% men

83% white

17% BAME

Why are people joining Local Welcome?

We conducted an internal survey of leaders and members in October 2019. We had 140 responses (53% response rate). These are the 5 main reasons people gave for being a leader or member:

1. To help and welcome refugees (50%): "I want to meet refugees and be involved in making them feel part of the community."

2. Local Welcome is flexible and fits in with their life (33%): "I was looking for a well organised charity to volunteer with. Something that felt grassroots and community led, but with a safer and more organised backing."

3. Make connections with others (29%): "Wanted to have human relationships with refugees rather than reading about them in the news."

4. Give something back (22%): "Volunteering my time and experience within the communities of Birmingham is something that I am passionate about."

5. React to the political climate (21%): "Politically, I am very aware of the 'hostile environment' that the Home Office has cultivated and I regret/abhor this."

The information included in this document has been compiled from reports which can be viewed in full on our website: **localwelcome.org/impact**

图 7.17

Local Welcome 的信息图

报告可能会有哪些问题

当我在本书开篇向你介绍"章鱼调查"时，我将其描述为代表在"你想问什么""你想问谁"以及"数字"之间做出的选择，在图7.18所示。

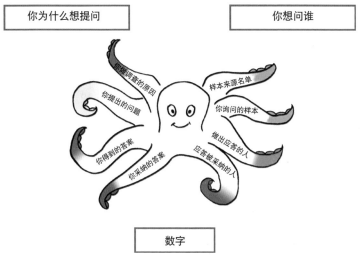

图 7.18
调查章鱼拥有的触手代表你在调查中做出的选择

从那时起，我讨论了创建调查的过程中由各种选择所产生的错误。到目前为止，按照在章节中出现的顺序，已出现的错误如下。

- 第1章"目标" 当你提出的问题与你进行调查的原因不符或者与你想问的问题不符时，就会导致缺乏效度。
- 第2章"样本" 当你的抽样名单包含一些定义人群之外的人或者排除定义人群中的一些人时，就会发生覆盖错误。

  当你选择询问抽样名单上的某些人而不是所有人时，就会发生抽样错误。

  当应答者与不应答者对结果的影响不同时，就会发生不应答错误。

- 第3章"问题"（在第4章"问卷"中也存在） 测量错误是答案的真实值与你得到的答案之间的差异
- 第6章，"应答" 当你对结果包含哪些答案以及如何加权答案做出不完美的选择时，就会发生调整错误。处理错误包括你在数据清洗和计算最终结果的过程时所犯的全部错误，但不包括调整误差中的错误。

现在是我们的最后一个误差。

　　总调查误差是所有个别调查误差的结果。

现在，我们来看看你将所有误差附加到调查章鱼（图7.19）时的样子。

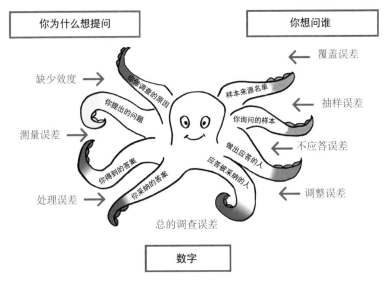

图7.19
包含所有误差的调查章鱼

很久以前，当我们开始考虑是否进行调查时，我曾经指出，调查并不是一种很容易做对的方法——现在你可以看到，一路上的各种选择是如何保证让你的总调查误差尽可能低的。

章鱼调查的想法表明误差是相互关联的。我经常看到的一个错误是：把所有的钱都花在一个大样本上以试图减少抽样误差，但同时在访谈和问题测试（它们会减少测量误差）上却非常吝啬。

我知道你不会落入顾此失彼的陷阱，而是会一直努力做出正确的选择，从而将总调查误差保持在最低，并最终得到可以让你自信地做出决定的数字。

小结

本书到此结束。我想要分享给大家的全都倾囊相授。

好吧，开个玩笑。我希望你知道，在整个过程中做出正确的选择将使总调查误差尽可能地低。

另外，我有没有提到迭代？我希望你选择频繁的轻触式调查。在轻触式调查里，你可以向每个人学习，并因他们而变得更好——而不是巨无霸调查。

如果你仍然需要做巨无霸调查，我希望你在各个阶段进行迭代。换句话说，两三轮访谈、一些额外的可用性测试以及实地调查前真正可靠的预测试，这些工作将有助于将总调查误差保持在尽可能低的水平。

谈论调查章鱼的三种方式

你已经看到了调查章鱼以及与之相关的所有误差。如果你的团队和干系人愿意使用调查章鱼卡通般的触手，你就可以以这种有趣的方式使用它。

如果想使用相同的术语进行更正式的演示，可以尝试使用图7.20中的呈现方式。

如果想使用完全的学术语言——也许你的干系人是科学家，或者你喜欢参考文献——那么图7.21中来自顶尖调查方法学家的图表对你来说就更容易。将方框与调查章鱼的触手进行比较，你就得到了对应的翻译。

图7.20
没有调查章鱼的总调查误差

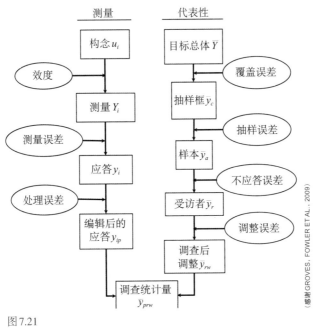

（感谢 GROVES, FOWLER ET AL., 2009）

图7.21
总调查误差图

提示：

- 构念指的是调查章鱼中的"你想询问什么"
- 调查统计量就是我所说的"数字"
- 如果你不打算深入研究数学，可以忽略上图中的斜体字母

你为什么想提问

你想问谁

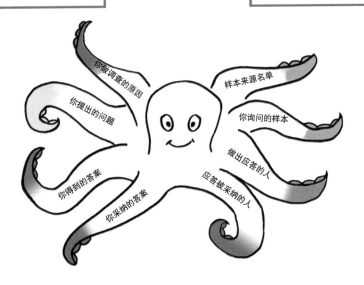

你做调查的原因

样本来源名单

你提出的问题

你询问的样本

做出应答的人

你得到的答案

应答被采纳的人

你采纳的答案

数字

第8章

结 语

在最后一章中，我们将思考"至少你可以做"。史蒂夫·克鲁格在他的书《妙手回春：网站可用性测试及优化指南》中有一个同名章节。他是这样解释"至少你可以做"的：

> 当你决定解决一个可用性问题时，要始终记住一点："为了防止人们出现我们观察到的问题，我们能做的最小、最简单的改动是什么？"

有一天，当我感觉累了的时候，突然想到调查中许多具有挑战性的概念，并想到"至少可以做什么呢？"

史蒂夫告诉我，可以借用他的商标短语。于是，我这样做了改编：

> 为了确保好的结果，我们在每章中所做的最小、最简单的事情是什么？

然后我意识到，"小而简单"实际上取决于你在调查过程中走了多远以及你有多少时间，所以我决定从可以在一小时内完成的事情开始，描述调查过程的各个步骤。

如果是从头开始的话，有一个计划可以让你在一天内完成轻触式调查，然后有一个建议告诉你如果有一整周的时间可以怎么做。

调查过程有7个步骤

图8.1中的完整调查过程有7个步骤。你已经看到，这些步骤并不是真正独立的。由于调查章鱼的关系，有些问题是重叠的。例如，在刚开始时考虑目标时，还必须考虑最终会做出怎样的决定。

目标	样本	问题	问卷	实地调查	应答	报告
确定调查目标	决定回答者的特征和数量	测试问题	创建问卷	执行调查 ＜邀请到跟进＞	清洗数据和分析数据	呈现报告
↓	↓	↓	↓	↓	↓	↓
你想获得答案问题	你要邀请的回答者	可从回答的问题	可以进行互动式操作的问题	做出答的人	答案	决策

图8.1
调查过程的7个步骤

若只有一个小时的时间，可以做什么

坏消息是，如果只有1个小时，根本没有时间完成调查的所有7个步骤。但是我希望你已经在调查中取得了一些进展。如果是这样，你可以尝试利用这1个小时至少完成以下一项任务：

如果还没有确定最关键问题 (MCQ)：检查问卷，找到最关键问题的备选问题。想想你计划基于调查做出什么决定。调查包含的的问题与决定之间是否有明确的关系？注意：这可能意味着你发现当前不适合使用调查方法。没关系，起草问卷的努力不会白费，可以用它作为某些访谈的基础。

如果还没有问卷：从定义人群中找几个人，就你想涵盖的主题进行访谈。我会用20分钟时间创建主题，再用每个20分钟进行访谈。你将会大量了解到人们如何看待这些主题，并发现撰写问题变得容易多了。

如果已经有问卷：测试！从定义人群中找到两三个人，让他们尝试回答问卷。如果你没有时间先对问题进行认知访谈，然后对问卷进行可用性测试，那么你可以在可用性测试期间要求人们"出声思考"，以便将两者结合起来。

如果在定义人群中找不到人：可以让没有参与问卷创建的人做可用性测试，以此获得一些有价值的信息。这种做法不如从定义人群中找人效果好，因为前者不一定知道定义人群如何看待这些主题，但至少会得到独立的反馈。

若有应答数据并需要处理它们时：获得1个不超过100份应答的随机样本。在1小时时间里，尽可能地对该样本进行清洗、编码和思考。现在，你可以估计完成整个数据集的处理需要的时间，以判定付出努力是否必要；或者你可以继续处理其他应答，并做出必要的决定。

处理完应答数据后：回顾你或干系人想要做出的决定。你现在从应答数据中获得的信息是否足以做出决定？你是否确保了最初希望用于决定的内容被放入报告中？

若有一整天的时间，可以做什么

可以在自己的一天时间内进行调查，如表8.1所示。如果需要与其他人合作，你可以从干系人那里获得支持，或者让其他人参与进来，然后邀请他们一起制定相同的计划，或者根据他们的日程分配时间。

计划应该限制在只有一个最关键问题和一个代表性问题，以及一个不到100人的小样本。

表 8.1 一天时间调查的日程表

日程安排	
上午9:00	目标和样本 • 决定最关键的问题 • 定义你的人群并决定代表性的问题
上午10:00	问卷 • 创建问卷，包括撰写邀请页和感谢页 • 找人做快速可用性测试。请他们"出声思考"，这样你就可以同时进行认知访谈
上午11:00	实地调查（第1部分） • 进行预测试：向10个人发送邀请，要求他们在下午1点前做出应答
中午	午餐
下午1:00	实地调查（第2部分） • 根据预测试结果，对问卷进行迭代 • 将问卷发送给更大的样本，要求他们在下午3点前做出应答
下午2:00	应答（第1部分） • 将会返回一些应答数据。开始进行数据清洗
下午3:00	应答（第2部分） • 确定要使用的描述统计量 • 阅读所有开放式文本框中的应答，可能根据某个"其他"答案进行排序

（续表）

日程安排
下午4:00　　报告

- 创建你要交付的报告

为了获得更好的结果，可以将一天的工作分为两天，这样就可以在第一天早上将问卷发送给更大的样本，并在第二天下午继续进行数据清洗和分析。这让定义人群有一整天的时间进行应答，并且更加尊重不同人的工作和生活模式。

若有整整一周的时间，可以做什么

这听起来是不是有点压力太大了？让我们来尝试一下使用表8.2中的时间表，在一周内进行调查。

保持紧凑——没有巨无霸调查！但可以放宽一点，也许最多允许5个问题加上一两个代表性问题。

如果你查看时间表后发现，这似乎是非常紧张的一周，那么你就说对了。

就工作量而言，这与我经常在调查中所做的事情相当；但是就时间而言，我通常的目标是将活动分成3周进行，中间的中断时间如下所示：

- 周一和周二上午：如下所示，但是给予参加预测试的人一周时间应答
- 一周后的周二下午到周三下午：如下所示，但是给予主要样本中的人一周时间应答
- 再一周后的周四和周五：如下所示

如果需要对计划进行一些调整，不要因为妥协而砍掉预测试。进行预测试并在实地调查中妥协固然不太理想，但总比跳过预测试并冒着将实地调查弄得一团糟的风险要好得多。

表 8.2　一周时间调查的日程表

	早晨	下午
周一	目标和样本 • 设定调查目标 • 决定最关键问题 • 定义人群并决定代表性问题 • 决定抽样方法	问题和问卷 • 撰写问题 • 创建问卷，包括邀请页和感谢页 • 找人做快速可用性测试。请他们"出声思考"，以便你可以同时进行认知访谈 • 如果要从人员名单中缩小范围，应当拿到该名单并检查其质量
周二	实地调查（第1部分） • 做预测试。中午之前发出问卷，并要求在当天结束前给出答复	应答 • 会收到一些应答。开始数据清洗 • 考虑基于预测试所做的更改
周三	迭代 • 检查预测试的应答 • 迭代并重新测试问卷	实地调查（第2部分） • 向更大的样本发送问卷，并在周四晚上停止问卷回收
周四	应答 • 检查应答，以查看问卷在实地调查中是否存在问题	应答 • 会收到一些应答。开始数据清洗 • 决定要使用哪些描述统计量 • 阅读所有开放式文本框中的应答，可能根据某个"其他"答案进行排序
周五	应答 • 处理完成应答数据	报告 • 创建你要交付的报告

完全检查清单

当你可以回答每个标题下的问题时，就可以进入下一步了。

目标（来自第 1 章）

清单问题	满足下列条件时，即代表该问题已完成
你想问谁?	你有清晰的定义人群，并且明确知道谁在里面，谁不在里面
你想问他们什么?	你有一个最关键问题
你会做出什么决定?	你已经就最关键问题的答案评分或计数方法与其他人达成一致，并且有演示文稿草稿或其他方法来分享结果

示例（来自第 2 章）

清单问题	满足下列条件时，即代表该问题已完成
你是怎么找到样本的?	你选择了"缩小范围"，你已经有了一个名单，并且已经调查了它的质量
	你选择了"当下发现"，你已经考虑过如何拦截别人，并准备在预测试中对这个想法进行测试
	你选择了"滚雪球"，并且已经决定了滚雪球的方法
你需要多少人给出应答?	你已经就应答数量的目标与其他人达成一致
你期望得到什么样的应答率?	你已经从之前的类似调查，或者本次调查的预测试中获得了期望的应答率
你决定代表性问题了吗?	你有少量适合本调查主题的问题，这些问题让你可以将本调查的结果与已有的、关于定义人群的其他数据进行比较
你知道紧急问题吗?	你已经完成了对定义人群中的受访者的访谈，确定了问题，并与其他类型的研究结果进行了三角验证（理想情况下）

问题（来自第 3 章）

清单问题	满足下列条件时，即代表该问题已完成
你的问题是否使用了熟悉的方式和使用熟悉的词语?	你已经完成了对定义人群中的受访者的认知访谈
人们对你的问题有答案吗?	你已经基于认知访谈中的发现，对问卷进行了迭代
他们愿意向你透露他们的答案吗?	你已经完成了另一轮认知访谈，并检查了问题已得到解决 （撰写问题是一件有挑战性的事——有时你会感觉问题永远不会彻底完成，但是你已经在可用时间内完成了所有可管理的迭代）

问卷（来自第 4 章）

清单问题	满足下列条件时，即代表该问题已完成
你有隐私政策吗?	撰写 PIA（隐私影响评估）并针对现有隐私政策进行检查，任何问题都会被考虑和解决。修订后的隐私声明已发布或准备发布
你选择了你的模式和问卷工具了吗?	你已经创建了一份问卷草稿
从邀请到感谢页，你的问卷是否能正常工作?（仅适用于电子问卷）	至少 1 个人（没有参与问卷创建）使用各种浏览器以及各种典型的辅助技术对问卷进行了测试
来自定义人群的人可以使用你的问卷吗?	你已经完成了至少 3 个人的可用性测试，并相应地修改了问卷，并对不同的人再次进行了可用性测试

实地调查（来自第5章）

清单问题	满足下列条件时，即代表该问题已完成
你是否已经决定提供跟进服务？	你已经决定了方法，并与PIA进行了交叉检查
你做预测试了吗？	预测试： • 从头到尾都在做 • 应答数据会被分析 • 有演示草稿或其他传达结果的方法 确保对问卷进行适当的更改，同时还应酌情考虑并更改目标和抽样方法

应答（来自第6章）

清单问题	满足下列条件时，即代表该问题已完成
你是否对数据进行了备份，并创建了研究日志？	技巧问题：在你完成调查的每个细节之前，备份工作永远不会结束。但如果你还没有开始——现在就开始。当你对数据集进行任何更改时，应当每天备份数据，并对研究日志进行更新
你是否进行了基本的数据清洗，例如编辑个人数据、检查范围？	你很确信所有后续操作都交接到了继任者那里，并且个人数据已经被适当地编辑
你是否必须排除某些应答？为什么？	你知道所有排除项已都记录在研究日志中
你是否选择进行加权？为什么？	如果你正在加权，并且在研究日志中详细记录了加权过程
你是否检查过应答数据的代表性？	对代表性问题的答案进行检查，它们与你预期的结果一致，看上去可以接受

（续表）

清单问题	满足下列条件时，即代表该问题已完成
你是否对所有开放式答案给予了适当的关注？	最低限度：你已经阅读并考虑了每个答案。之后的工作取决于你的目标，因此你可能已经决定： • 将答案发送给可以采取行动的人 • 对答案进行归总和分组，使它们适合数值分析 • 将答案的一个或多个方面编码到不同类别中 • 综合使用以上方法或者别的方法
你有没有发现令你惊讶或出乎意料的事情？	我们做任何研究的原因之一是了解我们不知道的东西。几乎总是有一些令人惊讶或出乎意料的事情；当你发现它时，你就会意识到你已经足够认真地看了应答数据

报告（来自第 7 章）

清单问题	满足下列条件时，即代表该问题已完成
对比目标，你发现了什么？	你已经知道了你希望了解什么，从应答中了解到什么，并且对了解程度是否达到预期有了自己的判断
你是否使用了一些描述统计量？	你选择了数字方法，因此你的报告中将包含一些数字——通常还有一些描述统计量，以帮助报告阅读者比较和使用这些数字
你是如何传达结果的？	你选择了一种或几种适当的报告方法，因为不同干系人的兴趣点不同。并且，你已经了解到，收到报告的人认为它是准确和有用的
你做三角验证了吗？	你已经将本次调查结果与已有的其他数据进行了比较，并对这些结果在多大程度上确认、增加或改变了之前的结果有了自己的判断

最后一个词是"迭代"

亲爱的读者朋友，我们一起走过了一段很长的路，解决了很多棘手的技术概念，我希望你现在已经很熟悉其中一些概念了。

你可能深受鼓舞，从而投身于调查方法和统计的世界中。它令人着迷，充满了乐于分享知识的人。他们中的有些人，几十年如一日地兢兢业业，工作相当严谨。

另一方面，我也希望你受到鼓励，去做许多快速但有用的小型轻触式调查。

无论哪种方式，都需要迭代：尝试一些方法，反思它是否有效，然后尝试一个变体，看看它是否更有效。

同时，我也会进行迭代。通过访问我在Effortmark.co.uk上的博客，或者写信告诉我你的意见和问题，你可以加入我的工作。

最重要的是，要开心，对吗？

你为什么想提问

你想问谁

数字

致谢

2010年，在签署这本书的出版合同时，我确信自己已经从上一本书的写作过程中汲取了足够的经验——那本书叫《有效表单设计》，不是我一个人写的，一共花了9年时间。这本书肯定不一样！

是的，这本书确实不一样。它花了我11年的时间。我要感谢Rosenfeld Media的每个人，尤其是路·罗森菲尔德和玛塔·胡斯塔克。一直以来，他们给了我很多的支持和耐心。

为什么会这么久呢？且听我细细道来。

首先，我对调查的了解不如我签合同时想象的那么多。作为表单专家，我在工作中深入了解到了人们是如何回答问题的，但我很快意识到需要进一步了解调查的其他方面，例如抽样、实地调查以及用户体验专家在工作中是如何使用调查的。多年来，我在许多国家进行过访谈并举办过研讨会。我要感谢所有参加访谈或研讨会的用户体验专家、市场研究员以及调查方法学家，包括西雅图STC分会、罗利SAPOR大会、英国邓迪大学交互设计专业、里斯本UX-LX大会、科隆GOR大会、澳大利亚OZCHI大会、奥胡斯JBoye大会、UX新西兰（惠灵顿）大会、布拉格LibDesign大会以及英国的许多活动。我的姐姐安·特纳给我提供了一个重要的启发：在知道如何处理答案之前不要提出问题。

其次，我意识到我需要了解调查方法学。我要感谢凯度咨询的亚历克斯·约翰逊，他在2000年代末雇我研究市场调查中特定问题类型的用户体验。佐伊·道林博士是我们团队的一员，是一位市场研究员和调查方法学家。她给了我很大的启发并最终成为本书的审稿人。谢谢你，佐伊。数年来，她安排我受邀参加互联网调查方法学研讨会，在那里我能够直接向米克·库珀、格尔·斯尼克斯、弗雷德·康拉德和瓦斯贾·维霍瓦尔等顶尖教授专家学习。我要感谢他们和许多其他耐心回答我这些新手问题的人——我的阅读清单变得越来越长。

第三，统计学是一个问题。调查是一种定量方法，所以我在2010年开始攻读统计学学位，并大量阅读"适合初学者的统计学"书籍。我不确定这是否有帮助，在此，我非常感谢詹姆斯·刘易斯博士，他从统计学的角度担任了我这本书的技术审稿人。

2013年，在我的人生低谷期，我意识到自己需要帮助，于是便联系了简·马修斯，她同意成为我的生活教练。最终，我们在很多方面进行了合作。她和我一起教授调查课程，并花无数的时间帮助我处理技术方面的想法以及其他许多不胜枚举的事情。简，非常感谢你。没有你我绝对不可能完成这本书的写作。

到2015年初，我发现我需要为这本书提供一个统一的概念：总调查误差。那年秋天，我参加了在巴尔的摩举行的总调查误差会议，在那个令人难忘的一周，我的调查章鱼首次公开亮相，并有幸见到了惠特尼·奎瑟贝利（中文版《用户体验设计：讲故事的艺术》的作者之一），她是一位用户体验专家兼本书审稿人；凯瑟琳·萨默斯教授博士，她耐心地与学生一起测试了几份草稿；还有金妮·雷迪什博士，多年来她一直是本书许多草稿的坚定支持者和审阅者。她们的支持和鼓励是无价的。

到2016年，我有了自己的结构，有了统一的概念，有了摆满书架上的参考书和论文集。我终于取得了持续的进步。我以为自己有望在2017年完成这本书的写作。

但事与愿违，2017年2月，我因为急性髓细胞白血病和子宫内膜癌住进了医院。凭借英国国家医疗服务体系（NHS）出色的工作、无数人的精心照料以及我的兄弟马丁·桑基捐赠干细胞给我提供一个新的免疫系统，我恢复了健康。我对所有人感激不尽。尽管我的康复显而易见，但还是在2018年因为双侧肺炎再次入院——很可能是因为我脆弱的免疫系统无法应对感染。NHS再次让我康复，但本书却不得不因此搁置下来。

2019年，我能够重新开始工作。从那时起，一切都相对快速和轻松。到那年9月，我已经完全康复，可以整理出大部分章节了。非常感谢奈恩塔拉·兰德提供的详细测试方案和想法，特别是"样本"章节，并感谢艾米·哈佩（审阅者）和威尔·米德尔顿（试读者）。

2020年，我终于弄清楚了我想说的关于李克特量表和统计显著性的内容。史蒂夫·克鲁格对这两个话题的态度特别坚定，我们一起花了很多时间仔细审查每一个单词。谢谢你，史蒂夫。有了你的帮助，这本书变得更好了。除此之外，用户研究员和调查方法学家吉恩·福克斯也详细审阅了本书的手稿，我也要感谢她。

多年来，还有很多人以某种方式为本书做出了贡献。我希望有足够的篇幅来提到每个人的名字。我对本书的任何错误和遗漏承担全部责任。

最后但也最重要的是，我要感谢我的丈夫马尔科姆。我问他觉得自己做了哪些贡献时，他的回答是"洗碗"。不过，我更喜欢他持续提供的美味而健康的膳食以及他对这本书的评价："这事儿不是我真正喜欢的。"

出版人寄语

Rosenfeld

亲爱的读者：

非常感谢您购买本书。我们Rosenfeld Media每个产品都是有故事的。

自20世纪90年代初以来，我一直都是用户体验顾问、会议主持人、研讨会讲师和作家（我最出名的身份可能是《Web信息架构》合著者）。在这些身份中，我屡屡错过应用用户体验原则并加以实践的机会，为此，我感到很沮丧。

我是2005年创办Rosenfeld Media的，目的是证明出版商可以在书籍的设计和研发过程中应用它所宣扬的理念。从那时起，我们的业务开始扩展到举办行业领先的会议和研讨会。在任何情况下，用户体验都可以帮助我们创造更好、更成功的产品，正如大家所期望的那样。从利用用户研究来推动书籍和会议日程设计，到与会议发言人在演讲中密切合作，再到深入关心客户服务，我们每天都在实践我们的主张。

请访问rosenfeldmedia.com网站，进一步了解我们的会议、研讨会、免费社区的信息以及我们为您制作的其他优质资源。也可以将您的想法、建议、关注点发送到我的邮箱louis@rosenfeldmedia.com。

很乐意听到您的意见，希望您喜欢这本书！

路·罗森菲尔德

出版人

关于著译者

卡洛琳·贾瑞特（Caroline Jarrett）

表单专家，她擅长为组织提供表单方面的建议，比如如何让表单易于填写以及如何改进含有表单的网站和业务流程。为了弄清楚"人们如何回答问题"这类主题，她查阅了大量有关调查方法和总调查误差的文献，并建议客户改进调查及其表单。

卡罗琳拥有牛津大学数学硕士学位、开放大学工商管理硕士学位和统计学文凭，同时还是一名特许工程师。

她是《Web表单设计：创建高可用性的网页表单》和《用户界面设计与评估》这两本书的合著者。

她的网站是Effortmark.co.uk。她的Twitter账号是@cjforms。

周磊

北京大学心理学系认知心理学硕士研究生，2005毕业后一直从事互联网用户研究相关工作。先后就职于上海盛大、北京ISAR界面设计公司、中国数码、中国移动等公司，拥有15年以上的用户研究经验，在定性和定量研究方面均有较为深刻的见解。精通SPSS，R，Python，Excel和NVivo等数据分析软件。

2021年，加入中国科学院心理研究所从事心理测量方面的工作，对调查方法学也有较为深入的理解。

个人关注的领域包括但不限于数字化生存、自适应测评、大数据分析技术等，个人推崇费曼学习法，喜欢将复杂的知识重新加工后简单化输出。

正在爆发的互联网革命，使得网络和计算机已经渗透到我们日常的生活和学习，或者说已经隐形到我们的周边，成为我们的默认工作和学习环境，使得全世界前所未有地整合，但同时又前所未有地个性化。以前普适性的设计方针和指南，现在很难讨好用户。

有人说，眼球经济之后，我们进入体验经济时代。作为企业，必须面对庞大而细分的用户需求，敏捷地进行用户研究，倡导并践行个性化的用户体验。我们高度赞同Mike在《用户体验研究》中的这段话：

> "随着信息革命渗透到全世界的社会，工业革命的习惯已经融化而消失了。世界不再需要批量生产、批量营销、批量分销的产品和想法，没有道理再考虑批量市场，不再需要根据对一些人的了解为所有人创建解决方案。随着经济环境变得更艰难，竞争更激烈，每个地方的公司都会意识到好的商业并非止于而是始于产品或者服务的最终用户。"

这是一个个性化的时代，也是一个体验经济的时代，当技术创新的脚步放慢，是时候增强用户体验，优化用户体验，使其成为提升生活质量、工作效率和学习效率的得力助手。为此，我们特别甄选了用户体验/用户研究方面的优秀图书，希望能从理论和实践方面辅助我们的设计师更上一层楼，因为，从优秀到卓越，有时只有一步之遥。这套丛书采用开放形式，主要基于常规读本和轻阅读读本，前者重在提纲挈领，帮助设计师随时回归设计之道，后者注重实践，帮助设计师通过丰富的实例进行思考和总结，不断提升和形成自己的品味，形成自己的风格。

我们希望能和所有有志于创新产品或服务的所有人分享以用户为中心(UCD)的理念，如果您有任何想法和意见，欢迎微信扫码，添加UX+小助手。

洞察用户体验（第2版）

作者：Mike Kuniavsky

译者：刘吉昆等

这是一本专注于用户研究和用户体验的经典，同时也是一本容易上手的实战手册，它从实践者的角度着重讨论和阐述用户研究的重要性、主要的用户研究方法和工具，同时借助于鲜活的实例介绍相关应用，深度剖析了何为优秀的用户体验设计，用户体验包括哪些研究方法和工具，如何得出和分析用户体验调查结果等。

本书适合任何一个希望有所建树的设计师、产品/服务策划和高等院校设计类学生阅读和参考，更是产品经理的必备参考。

重塑用户体验：卓越设计实践指南

作者：Chauncey Wilson

译者：刘吉昆　刘青

本书凝聚用户体验和用户研究领域资深专家的精华理论，在Autodesk用户研究高级经理Chauncey Wilson(同时兼任Bentley学院HFID研究生课程教师)的精心安排和梳理之下，以典型项目框架的方式得以全新演绎，透过"编者新语"和"编者提示"等点睛之笔，这些经典理论、方法和工具得以精炼和升华。

本书是优秀设计师回归设计之道的理想参考，诠释了优秀的用户界面设计不只是美学问题，或者使用最新技术的问题，而是以用户为中心的体验问题。

Web 表单设计：点石成金的艺术

作者：Luke Wroblewski

译者：卢颐　高韵蓓

精心设计的表单，能让用户感到心情舒畅，无障碍地地注册、付款和进行内容创建和管理，这是促成网上商业成功的秘密武器。本书通过独到、深邃的见解，丰富、真实的实例，道出了表单设计的真谛。新手设计师通过阅读本书，可广泛接触到优秀表单设计的所有构成要素。经验丰富的资深设计师，可深入了解以前没有留意的问题及解决方案，认识到各种表单在各种情况下的优势和不足。

卡片分类：可用类别设计

作者：Donna Spencer

译者：周靖

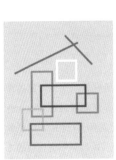

卡片分类作为用户体验/交互设计领域的有效方法，有助于设计人员理解用户是如何看待信息内容和类别的。具备这些知识之后，设计人员能够创建出更清楚的类别，采用更清楚的结构组织信息，以进一步帮助用户更好地定位信息，理解信息。在本书中，作者描述了如何规划和进行卡片分类，如何分析结果，并将所得到的结果传递给项目团队。

本书是卡片分类方法的综合性参考资源，可指导读者如何分析分类结果(真正的精髓)。本书包含丰富的实践提示和案例分析，引人入胜。书中介绍的分类方法对我们的学习、生活和工作也有很大帮助。

贴心的设计：心智模型与产品设计策略

作者： Indi Young

译者： 段恺

怎样打动用户，怎样设计出迎合和帮助用户改善生活质量和提高工作效率，这一切离不开心智模型。本书结合理论和实例，介绍了在用户体验设计中如何结合心智模型为用户创造最好的体验，是设计师提升专业技能的重要著作。

专业评价：在UX(UE)圈所列的"用户体验领域十大经典"中，本书排名第9。

读者评价："UX专家必读好书。""伟大的用户体验研究方法，伟大的书。""是不可缺少的，非常好的资源。""对于任何信息架构设计者来说，本书非常好，实践性很强。"

设计反思：可持续设计策略与实践

作者： Nathan Shedroff

译者： 刘新　覃京燕

本书从系统观的角度深入探讨可持续问题、框架和策略。全书共5部分19章，分别从降低、重复使用、循环利用、恢复和过程五大方面介绍可持续设计策略与实践。书中不乏令人醍醐灌顶的真知灼见和值得借鉴的真实案例，有助于读者快速了解可持续设计领域的最新方法和实践，从而赢得创新产品和服务设计的先机。

本书适合所有有志于改变世界的人阅读，设计师、工程师、决策者、管理者、学生和任何人，都可以从本书中获得灵感，创造出可持续性更强的产品和服务。

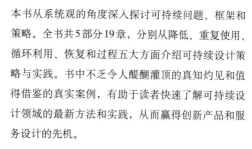

原型设计：实践者指南

作者： Todd Zaki Warfel

译者： 汤海　李鸿

推荐序作者：《游戏风暴》作者之一 Dave Gray

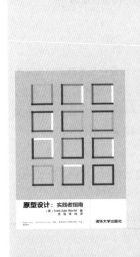

原型设计不仅可以增强设计想法的沟通，还有助于设计师产生灵感、测试假设条件和收集用户的真实反馈意见。本书凝聚作者多年来所积累的丰富的互联网实战经验，从原型的价值、流程谈起，提到原型设计的五大类型和八大原则，接着详细介绍如何选择合适的原型工具和深度探讨各种工具的利弊，最后以原型测试收尾。此外，书中还穿插大量行之有效的技巧与提示。

通过本书的阅读，读者可轻松而高效地进行RIA、手持设备和移动设备的原型设计。本书适合原型爱好者和实践者阅读和参考。

远程用户研究：实践者指南

作者： Nate Bolt，Tony Tulathimutte

译者： 刘吉昆　白俊红

本书通过实例介绍了如何借助于手机和笔记本电脑来设计和执行远程用户研究。书中主题包括如何招募、管理和执行远程用户研究；分析远程用户研究之于实验室研究的优势；理解各种远程用户研究的优势与不足；理解网络用户研究的重要原则；学会如何通过实用技术和工具来设计远程用户研究。

本书实用性强，尤其适合交互设计师和用户研究人员参考与使用，也适合所有产品和服务策划人员阅读。

好玩的设计：游戏化思维与用户体验设计

作者：John Ferrara

译者：汤海

推荐序作者：《游戏风暴》作者之一 Sunny Brown

本书作者结合自己游戏爱好者的背景，将游戏设计融入用户体验设计中，提出了在UI设计中引入游戏思维的新概念，并通过实例介绍了具体应用，本书实用性强，具有较高的参考价值，在描述游戏体验的同时，展示了如何调整这些游戏体验来影响用户的行为，如何将抽象的概念形象化，如何探索成功交互的新形式。

通过本书的阅读，读者可找到新的策略来解决实际的设计问题，可以了解软件行业中如何设计出有创造性的UI，可在游戏为王的现实世界中拥有更多竞争优势。

SSA：用户搜索心理与行为分析

作者：Louis Rosenfeld

译者：汤海　蔡复青

本书言简意赅，实用性强，全面概述搜索分析技术，详细介绍如何生成和理解搜索发分析报告，并针对网站现状给出实际可行的建议，从而帮助组织根据搜索数据分析来改进网站。

通过这些实际案例和奇闻轶事，作者将通过丰富而鲜活的例子来说明搜索分析如何帮助不同组织机构理解客户，改进服务质量。

用户体验设计：讲故事的艺术

作者：Whitney Quesenbery，Kevin Brooks

译者：周隽

好的故事，有助于揭示用户背景，交流用户研究结果，有助于对数据分析，有助于交流设计想法，有助于促进团队协作和创新，有助于促进共享知识的成长。我们如何提升讲故事的技巧，如何将讲故事这种古老的方式应用于当下的产品和服务设计中。本书针对用户体验设计整个阶段，介绍了何时、如何使用故事来改进产品和服务。不管是用户研究人员，设计师，还是分析师和管理人员，都可以从本书中找到新鲜的想法和技术，然后将其付诸于实践。

通过独特的视角来诠释"讲故事"这一古老的叙事方式对提升产品和服务体验的重要作用。

移动互联：用户体验设计指南

作者：Rachel Hinman

译者：熊子川　李满海

种种数据和报告表明，移动互联未来的战场就在于用户体验。移动用户体验是一个新的、激动人心的领域，是一个没有键盘和鼠标但充满硝烟的战场，但又处处是商机，只要你的应用够新，你的界面够酷，你设计的用户体验贴近人心，就能得到用户的青睐。正所谓得用户者，得天下。本书的目的是帮助读者探索这一新兴的瞬息万变的移动互联时代，让你领先掌握一些独家秘籍，占尽先机。本书主题：移动用户体验必修课，帮助读者开始充满信息地设计移动体验；对高级的移动设计主题进行深入的描述，帮助用户体验专业人员成为未来十多年的行业先驱；移动行业领军人物专访；介绍 UX 人员必备的工具和框架。

作者 Rachel Hibman 是一位对移动用户研究和体验设计具有远见的思想领袖。她结合自己数十年的从业经验，结合自己的研究成果，对移动用户体验设计进行了全面的综述，介绍了新的设计范式，有用的工具和方法，并提出实践性强的建议和提示。书中对业内顶尖的设计人员的专访，也是一个很大的亮点。

服务设计与创新实践

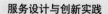

作者：Andy Polaine，Ben Reason，Lavrans Lovlie

译者：王国胜　张盈盈　赵芳　付美平

推荐序作者：John Thackara

产品经济的时代渐行渐远，在以服务为主导的新经济时代，在强调体验和价值的互联网时代，如何才能做到提前想用户之所想？如何比用户想得更周到？如何设计可用、好用和体贴的服务？这些都可以从本书中找到答案。本书撷取以保险业为代表的金融服务、医疗服务、租车及其他种种服务案例，从概念到实践，有理有据地阐述了如何对服务进行重新设计？如何将用户体验和价值提前与产品设计融合在一起？

本书重点聚焦用户价值与体验，用互联网思维进行服务创新，实践案例涉及传统制造业、金融行业和公共服务等适合产品设计师、交互设计师、用户体验设计师、设计管理者、项目管理、企业战略咨询专家和消费行为研究者阅读和参考。

同理心：沟通、协作与创造力的奥秘

作者：Indi Young

译者：陈鹄 潘玉琪 杨志昂

推荐序作者：《游戏风暴》作者之一Dave Gray

本书主要侧重于认知同理心，将帮助读者掌握如何收集、比较和协同不同的思维模式并在此基础上成功做出更好的决策，改进现有的策略，实现高效沟通与协作，进而实现卓越的创新和持续的发展。本书内容精彩，见解深刻，展示了如何培养和应用同理心。

本书适合所有人阅读，尤其适合企业家、领导者、设计师和产品经理。

触动人心的体验设计：文字的艺术

作者：Michael J. Metts，Andy Welfle

译者：黄群祥　周改丽

推荐序作者：Sara Wachter-Boettcher，

奚涵菁(Betty Xi)

在体验经济时代，越来越多的公司都意识到这一点：用户期望能与桌面和网络应用轻松、流畅的交互，从而获得愉悦的使用体验。在产品和服务中，视觉设计的确能让人眼前一亮。然而，只有触动人心的文字表达，才能够真正俘获人心。如何才能通过恰到好处的文字表达来营造良好的用户体验呢？本书给出了一个很好的答案。

两位作者结合多年来通过文字推敲来参与产品和服务设计的经验，展示了文字在用户体验中的重要性，提出了设计原则，对新入门用户体验文字设计的读者具有良好的启发性和参考价值。

高质量用户体验（第2版 特别版）：恰到好处的设计与敏捷UX实践

作者：雷克斯·哈特森（Rex Hartson），

帕尔达·派拉（Pardha Pyla）

译者：周子衿

荣获全美教科书和学术作者协会2020年优秀教材奖，是一本面向UX/HCI/交互设计师的综合性权威参考。书中萃取了两位作者多年课堂教学经验，此外还包含敏捷方法与设计指导原则等，网上资源丰富，有教师手册、教学大纲、课件、案例和练习。

本书兼顾深度和广度，涵盖了用户体验过程所涉及的知识体系及其应用范围（比如过程、设计架构、术语与设计准则），通过7部分33章，展现了用户体验领域的全景，旨在帮助读者学会识别、理解和设计出高水平的用户体验。本书强调设计，注重实用性，以丰富的案例全面深入地介绍了UX实践过程，因而广泛适用于UX从业人员：UX设计师、内容策略师、信息架构师、平面设计师、Web设计师、可用性工程师、移动设备应用设计师、可用性分析师、人因工程师、认知心理学家、COSMIC心理学家、培训师、技术作家、文档专家、营销人员和项目经理。本书以敏捷UX生命周期过程为导向，还可以帮助非UX人员了解UX设计，是软件工程师、程序员、系统分析师以及软件质量保证专家的理想读物。